中国市場への挑戦

成功企業に学ぶ中国ビジネス

峰　如之介　著

発明協会

三得利(中国)投資有限公司

▶上海で大人気のサントリービール瓶には模倣品対策のブランドロゴが。

▼2001年稼働の昆山工場は、早くも生産規模が約2倍に増強される。

▼サントリー白は上海の料理によく合う。

上海ビール市場に君臨するサントリーは徹底した市場マーケティングと流通改革を断行。自社が市場の主導権を握る新たなビジネスモデルを創造した。

▲需要爆発で増産に追われる生産ライン。

▲ビール生産から出荷までの一貫した最先端の製造工場。

▲ビール販売の激戦区を勝ち抜いたサントリービール。

▲「宣伝のサントリー広告」が、上海市民を惹きつける。

▲上海のビール市場を席巻するサントリービール。

▼新たな市場を掘り起こすソフトドリンク作戦。

広州本田汽車有限公司

▲高級車戦略でシェアを握った中国アコード（中国名・雅閣）。

▼広州本田汽車有限公司本社。

▲ラインオフの祝賀サインで埋め尽くされた第1号車。

▼アコードのラインオフ1号車に記念サインする本田技研工業の吉野浩行社長。

▲超高層ビルが林立する広州市内。

◀世界同品質が最終検査項目で厳しくチェックされる。

高級車シェアの20%を握ったホンダ戦略は、熟練した製造技術と1人の顧客に最上のサービスを提供する高級ブランド戦略から生まれた。

▲四位一体ビジネスを象徴する豪華な販売店。

▲中国ビジネスは2輪事業から始まった。

◀近代都市の広州を疾走する憧れのアコード。

▼広州市内のオフィス街と中国アコード。

▲シャープなデザインとカラーが
人気のオリンパス製μZOOM。

▼中国生産革命の拠点となった深圳工場。

▲北京のカメラショーで大人気のオリンパスブース。

▲集客効果抜群のイベント戦略で情報発信。

不良率と在庫を激減させた驚異の生産革命に挑戦。世界一の生産拠点に変貌した中国で、オリンパスは本格的なデジカメ生産に挑戦する。

▲銀塩カメラ市場を制したオリンパス。

▶フィルムカメラのμシリーズ
2000万台突破を祝う
小宮董事長と稲冨新総経理。

▲器用な中国人従業員の勤勉性が
発揮されるセルライン生産現場。

▲上海市内で評判の2階建てバス広告。

▲3500人の〈夢〉が詰め込まれた世界NO1カプセル。

資生堂麗源化粧品有限公司

▶プレステージ戦略で憧れのブランドを創出したオプレ。

▼資生堂麗源化粧品有限公司本社と北京工場。

▲百貨店のインストアシェアNo1を築いたオプレ。

▲カウンセリングサービスが中国人女性を演出する。

消費人口の1%を形成する上顧客がターゲット。北京市場のトップブランドを確立した資生堂戦略は、日本的サービスを武器に憧れの商品化に成功した。

▲「男らしいスタイル（真性风格）」のコピーを用いた中国版UNO（吾诺）のポスター。モデルにはSMAPの中居正広を起用。

▲SHISEIDOブランドは中国市場の最高級ブランド。

▲JSはオプレの男性化粧品ライン。

▶上顧客に最高のサービスを提供するサロン。

▼会員制のサロン デ コスメティーク（北京）は資生堂のマーケットリサーチ拠点。

中国市場への挑戦

成功企業に学ぶ中国ビジネス

目次

中国市場への挑戦

第二章　【本田技研工業】――57

第三章　【オリンパス光学工業】――― 107

第四章 【資生堂】 155

プロローグ

二〇〇一年一一月一〇日夜（日本時間の一一日未明）、カタールのドーハで開催されていた世界貿易機関（WTO）の閣僚会議は、中国の加盟を正式に承認した。

中国を代表して対外貿易経済協力相の石広生は、世界に向けて「宣言」した。

「我々は歴史的な瞬間を迎えた」

グローバル経済への入場券を手に入れた中国は、国内の加盟批准手続きをすべて終了させて翌一二月一一日、正式にWTOの加盟国となった。

まさに二十一世紀最大のベンチャービジネスである中国ビジネスが今、動きだした。

ここまでの加盟ステップを概括すると、次のようになる。

〈第一ステップ〉

『加盟条件等を明記した加盟議定書や多国間作業部会の報告書を九月半ばまでに完成させて、部会における作業をすべて終了する』

〈第二ステップ〉

『一一月九日から一三日までカタールで開催される閣僚会議において、これらの合意文書を正式に採択し、中国のＷＴＯ加盟を正式承認する』

世界の自由貿易をオペレーションするＷＴＯへの加盟は、加盟議定書交渉と呼ばれる「多国間交渉」と市場アクセス交渉と呼ばれる「二国間交渉」を経て、加盟承認の最終段階である閣僚会議に諮られる。新加盟国は閣僚会議における正式な承認を受けて自国での批准を行い、受託通知書をＷＴＯ事務局に寄託する。

こうした複雑な加盟ステップを慎重に踏みながら、中国は歴史的なＷＴＯ加盟を手にしたのである。

では、ＷＴＯ加盟によって中国は、どのような変貌を遂げようとしているのか。

一三億人の潜在需要が眠る、人類史上例のない巨大市場の出現は、いったい何を意味するのだろうか。

さっそく中国ビジネス最前線をウオッチングしてみたい。

まず、中国首相の朱鎔基は、北京市内で日中経済シンポジウムの代表団と会見し、加盟後の中国について、次のような趣旨の発言をしたと報道されている。

◆ＷＴＯ加盟後、中国はより一層経済競争と改革政策を推進する
◆懸案の日中貿易摩擦はルールに従って対応すべきである
◆人民元は切り上げない。また、輸出を拡大する政策として切り下げも実施しない

朱鎔基が改めて強調するまでもなく中国は、急ピッチかつ大胆に改革・開放政策を推進してきた。なかでも今まで外資の参入を厳しく規制してきた鉄鋼、造船などの重厚長大産業では、壮大な事業提携が進行している。

年産三〇〇〇万トン。

新日鉄と肩を並べるこの巨大な粗鋼生産能力は宝山鋼鉄（上海）、首都鋼鉄（北京）、武漢鋼鉄（湖北省）という「中国鉄鋼業界ビッグ3」の業務提携によって現出した。

中国はすでに一九九六年から五年連続で世界の粗鋼生産をリードし続けてきたが、このメガ提携によって世界有数の「鉄鋼生産拠点」が新たに構築されたことになる。

平均八パーセントという高度成長路線をひた走る中国経済では、今後もおう盛な鉄鋼需要が見込まれており、なかでもモータリゼーション前夜を迎えた自動車用鋼板需要が沸騰している。

さらに、世界第三位規模の巨大アルミメーカーの出現で世界中に話題を投げかけたアルミ国有企業八社の統合や建造量シェア二〇パーセントを押さえる造船巨大企業の誕生など、中国経済の再編劇は世界的規模で進行中である。

再編劇の主役は、重厚長大産業だけではない。

二十一世紀のグローバル経済を牽引するといわれるＩＴ産業においても、激動は止まらない。

年間売上高が約二兆五〇〇〇億円（約一七〇〇〇億元）に達する中国電信集団は、約一億四〇〇〇万人の顧客を抱え、五〇万人の社員を雇用する巨大企業だが、中国政府は「巨体の解体」を決断した。

　中国電信集団を、国内幹線の約三〇パーセントを統括する中国網絡通信集団（北部会社）と約七〇パーセントをカバーする中国電信集団（南部会社）の二社に分割する決定に、世界のＩＴ企業経営者は驚愕《きょうがく》した。中国政府は、外資との競争激化に備えて国有大企業の非効率な人員配置を改善し、中国電信集団は二〇〇一年に一三〇万人を削減した。

　今後、中国政府は固定電話産業における競争を促進し、同時に現在七社が稼働している通信会社の再編を促進しながら、グローバル競争に勝ち抜けるＩＴ企業を育成していく方針だ。

　こうした激動する中国のＩＴ産業に打って出たのがソニーである。ソニーは、江蘇省無錫市に設立したソニー・エレクトロニクスで、人気のノート型パソコン「バイオ」の生産を開始した。ソニー・エレクトロニクスが生産に着手した機種は、日本円価格が約四五万円という高級パソコン。顧客ターゲットを中国沿海部のニューリッチ層に絞り込んだ商品戦略を構築し、巨大な潜在需要が横たわる市場参入を期している。

　中国のパソコン所有は、すでに七〇〇〇万台を突破して、一九〇〇万人のネット人口を抱える巨大市場に成長した。その巨大市場に眠るビジネスチャンスを狙って、今後も熾烈《しれつ》な市場競争が繰り広げられていくと予想されている。

では、もう少しマクロ的な視点から中国経済と日本経済の関りをウオッチングしてみたい。

二〇〇〇年における日中貿易は前年比で三〇パーセント増の八五七億ドルに達し、過去最高の輸出入実績を記録した。

意外に知られていないことだが、日中貿易はすでに日本の貿易総額の約一〇パーセントを占めており、中国はアメリカに次ぐ第二位の貿易相手国となっている。

また同様に、中国経済から分析した対日貿易も、まさしく「最も重要な二国間貿易」と位置付けられている。

輸出入で見た中国の主要貿易国は、次の通りだ。

輸出国＝アメリカ、日本、ＥＵ

輸入国＝日本、ＥＵ、アメリカ、韓国

このような日中の緊密な経済関係を象徴しているのが、日本企業の中国進出ラッシュである。

中国の報道資料によれば、日本の対中投資額は香港、アメリカに次いで第三位に位置し、実に約一万四〇〇〇社の日本企業が中国進出を果たしているという。

とくにＷＴＯ加盟を控えたここ一、二年は、進出ラッシュが一段と加速して、代表的な経済成長エリアの上海では、ほぼ「一日に一社」の割合で、日本企業が中国にビジネス拠点を築くブーム現象が起きている。

従来、中国では「人治主義」と揶揄《やゆ》される不透明な法運用が障害になっていたが、WTO加盟を契機にさまざまな法改革も着手されている。

中国政府は、グローバル経済への参入と一体化して、知的所有権の徹底した保護を宣言した。著作権法と商標法の改正を打ち出して、違法行為に対する損害賠償を拡充、強化することで、事実上の野放し状態だった違法コピー問題解決に本腰を入れ始めた。

コピー天国・中国の異変は、次の数字からもうかがえる。

二〇〇〇年七月から九月までに摘発された模倣品の事件は、約二二万七〇〇〇件に上り、前年同月比で八七パーセント増となっている。

規制緩和にメスを入れ、大胆な改革・開放政策で産業を再編し、法改革でグローバル経済のインフラを整備する中国。

その巨大市場で二十一世紀ビジネスの勝者になるには、いったい何が求められるのか。

本書は、激動する中国ビジネスの真っ只中に飛び込んで、成功方程式を確立した勝ち組企業の最前線を徹底取材し、次に示す「四つの成功ノウハウ」を平易にディスクローズした。

◆モノ作りのノウハウ

◆営業・販売、宣伝のノウハウ
◆人事・人材育成のノウハウ
◆知的所有権、知的財産権保護のノウハウ

これらの四つのノウハウを総合すれば、おのずと「中国ビジネスの成功ノウハウ」が浮かび上がってくる。

本書を手にしたあなたはきっと、明日の中国ビジネス戦略立案に応用できる貴重な示唆を得ることだろう。

第1章

サントリー

上海ビール市場を制した サントリーのシェア70%商法

三得利（中国）投資有限公司 (Suntory (China) Holding Co.Ltd.)	
会社所在地	中国上海市准海中路区
代表者	岡田芳和
設立	1999年8月
資本金	3,000万米ドル
出資比率	サントリー　100%
従業員	3名

ビールの製造販売：三得利啤酒（上海）有限公司　三得利啤酒（昆山）有限公司
ビールの卸販売：三得利（上海）市場服務有限公司　ビール・麦芽その他の食品製造販売：中国江蘇三得利食品有限公司

合弁プロジェクト交渉の本音を見抜く

爆発する上海ビール市場を制したサントリー

二二〇六万キロリットルと一七リットル。

ここに対比させた二つの数字は、凄《すさ》まじい勢いで膨張する中国のビール市場を分析するときに、極めて重要な意味を持つデータである。

二〇〇〇年、中国はアメリカに次いで世界第二位のビール大量消費国となり、年間二二〇六万キロリットルのビールが愛飲された。ちなみに二〇〇〇年における日本のビール消費量は七一二万キロリットル（ビールと発泡酒を含んだ数量）に留《とど》まっており、中国は日本の約三倍のビール市場に成長した。

すでに「市場飽和説」さえ喧伝《けんでん》される日本市場とは対照的に、対前年比で約七・四パーセント増の成長を遂げた中国市場は、ビール消費量を一〇年間で約三・二倍に拡大させて成長し続けている。

では、二十一世紀の中国ビール市場はいったいどのような成長路線を描くのだろうか。

その将来推計を手元に引き寄せるデータが、先に示した一七リットルという中国の「一人当たり年間ビール消費量（二〇〇〇年統計）」である。中国の三分の一しか市場規模を持たない日本の一人当たり年間ビール消費量は、約五七リットル。私たちは実に、中国の三・四倍のビールを日々、愛飲しているのだ。

ちなみに世界最大のビール消費大国であるアメリカの一人当たり年間消費量は、約八三リットル。日本人消費量の約一・五倍、中国の約四・九倍という水準にある。「ビールの国」として知られるドイツでは、年間一人当たり約一二四リットルに及ぶ大量のビールが、胃袋に収まっている格好である。

一二四リットル、八三リットル、五七リットル、そして一七リットル。

こうしてドイツ、アメリカ、日本、中国における一人当たりの年間ビール消費量を並べてみると、全体の消費量では世界第二位に成長した中国が、極端に少ない消費水準であることがすぐ理解できる。急激な経済成長によって、ビールというアルコール飲料がようやく国民の嗜好品として定着しだした中国は、裾野の広い愛飲者層が限られた可処分所得をやり繰りしながら、「ビールを嗜《たしな》み始めたばかり」という状況にある。

そこにビジネスチャンスがあった。ＷＴＯ加盟で経済成長にドライブがかかる中国のビール市場が、ダイナミックに変容するのに、時間は必要としなかった。

一〇年前の一九九〇年にわずか六リットルに過ぎなかった一人当たり年間ビール消費量は、この一〇年間で約二・八倍に急拡大し、今後さらなる需要創出が期待されている。

ここまで分析を加えた年間の総消費量と一人当たり年間消費量の極端なアンバランスが、中国におけるビール消費の潜在成長力を如実に示唆しているといえるだろう。その逞《たくま》しく成長し続ける中国のビール市場を、サントリーが席巻している。サントリーが市場のトップシェアに君臨するのは、中国有数の経済都市・上海だ。

上海は、中国でも「指折りのビール消費地」として知られる。一人当たり年間一七リットルという国内平均のビール消費に対して、上海は二倍に相当する「三三リットル」の大消費水準にある。

二〇〇一年、中国ビジネスにおけるサントリーの合弁企業である三得利啤酒（上海）有限公司は、ビジネス拠点の上海における大衆ビール市場のシェアを「七〇パーセント」に伸長させた。

シェア七〇パーセント。

上海のビール市場は今や、「サントリーの支配下にある」といっても、決して過言ではない。

中国のビール市場は、商品価格帯別に三つの商品カテゴリーが形成されている。

最上位カテゴリーは、六元*から八元の商品価格帯を形成する「プレミアムビール」で、通称「金」と呼ばれているサントリービールやアサヒビールの「スーパードライ」、キリンビールの「一番搾り」といった最高級のビールが、市場をシェアしている。

プレミアムビールに続く「大衆ビール」の商品価格帯は二元から三元。高級レストランやクラブといった業務用需要が主体のプレミアムビールと違い、大衆ビールは一般国民が日常的に愛飲する「マイビール」だ。

上海のビール市場を寡占しているサントリーの大衆ビールは、私たちがサントリーのオールドを「ダルマ」と呼んでいるのと同様に、「白」の愛称で親しまれている。

上海市内のスーパーや町中に点在する雑貨店のショーケースには、「白」ビールが所狭しと詰め込まれている。

さらに大衆ビールの下には、主に国有企業が生産する最も価格帯の低い「低価格ビール群」が存在しているが、日系の合弁ビールメーカーはいずれもプレミアムビールと大衆ビールに商品を特化させて、低価格のビール市場には参入していない。

＊一人民元は、約一五円（二〇〇二年一月末現在）。

●上海のマーケット別ビールの価格帯構成比
(2001年サントリー推計による)

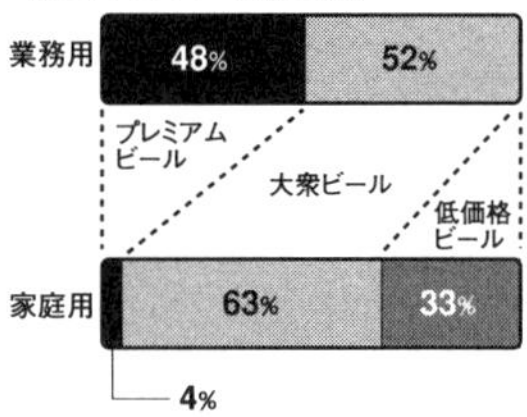

再び、サントリーに分析を集中させよう。

七〇パーセントという、とてつもないシェアを築き上げて、上海の大衆ビール市場を寡占するサントリーは、大衆ビール以外のすべてのビールを合計した市場分析においても、「四四パーセント」の圧倒的な独占シェアを構築した。二〇〇一年の年間販売数量は二二万キロリットルに達すると予想され、二〇〇〇年度の一八万キロリットルから一気に二〇万キロリットルの大台を突破して、文字通り破竹の快進撃を続けている。

すでに市場分析が確定した二〇〇〇年度のデータを精査しても、サントリーの突出ぶりは際立っている。

上海市内におけるサントリーのシェアは三四パーセントに達し、ライバルメーカーを寄せ付けない。独走するサントリーに引き離されながら第二位を追走しているのが、オランダのハイネケン系の「力波《リーボ》」。八〇年代後半、中国ビール市場で国際化の先鞭をつけた力波も、上海市場のシェアでは、サントリーの半分にも満たない約一三パーセントに甘んじている。

市場において、「二桁シェア」を獲得しているのはサントリーと「力波」の二強だけだ。輸入ビールでお馴染みの「青島《チンタオ》」がなんとか約九パーセントのシェアを確保して、第三位に滑り込んでいる。

上海市場の第四位以下は、いずれも数パーセント台のシェアを争奪し合う過当競争状態。中国に進出したサントリー以外の日系合弁メーカーは、すべて「シェア一パーセント以下」という厳しい現実を突き付けられている。

ならばサントリーは、どうして激戦の上海市場を制することができたのだろうか。覇者の成功方程式に迫っていきたい。

合弁プロジェクトの表と裏

サントリーの中国ビジネスは、一九八四年に設立した日中初の合弁ビール企業・中国江蘇三得利食品有限公司*（江蘇省連雲港市）に遡る。中国江蘇三得利食品は、中国市場攻略を目的に味覚設計された「王子」と「新世紀」という二つのビールを新開発した。「王子」は一般消費者の掘り起こしを狙った大衆ビール、「新世紀」は業務用ニーズをターゲットに開発された高級ビールである。

上海、連雲港、青島と続く沿海部は、改革・開放の恩恵を受けて経済成長が続くエリアだけに、サントリーは新市場を求めて、早くも次の一手を模索し始めていた。

総経理として上海制覇の陣頭指揮を執った中村丈夫（現海外事業推進部・部長）が

*中国江蘇三得利食品有限公司の資本はサントリー五〇パーセント、連雲港市工業公司三〇パーセント、中国国際信託投資公司一〇パーセント、江蘇省国際信託公司一〇パーセントで構成された。

語る。

「中国の改革・開放政策が現実的に動きだした一九八八年くらいから、サントリーも本格的に次のビジネス戦略を模索し始めました。中国市場向けに開発したビールの味や品質をバージョンアップさせながら、さらに広めていきたいと考えたのです」

新市場開拓の青写真は、次のように描かれていた。

(1) 中国全土を市場として想定しない

(2) 一つの省エリア、あるいは生産と物流メリットが見込める複数の省エリアに限定した商圏を設定する

(3) 生産拠点を置く江蘇省を中心にした事業展開を図る

こうした事業戦略のグランドデザインを描きながら飛躍の機会を狙っていたサントリーに、南京あるいは南通といった近隣エリアから、合弁事業*のオファーが持ち込まれてきた。

＊中国に進出した外資企業の約六〇パーセントは合弁企業の形態を選択している。

ただし……。

「私たちも中国側からのオファーを受ける形で真剣に事業性の検討に入っていきましたが、残念ながら合弁契約にサインするギリギリの段階で交渉が決裂してしまった」

▼合弁企業設立までの四段階

参考までに、中国で合弁企業を立ち上げるときに踏まなければならない基本的なステップを概説しておこう。

合弁企業の設立パートナーは、大きく分けて四つの段階（四つの書類作成）を乗り越えなくてはならない。

(1) 合弁意向書作成段階
(2) 項目建議書作成段階
(3) 合弁契約書作成段階
(4) 定款作成段階

中国で合弁事業に着手するとき、最初にクリアしなければならない段階は、「合弁意向書」と呼ばれる書類の作成作業だ。合弁意向書には、これから行う合弁事業の趣旨が簡潔にまとめられており、意向書が完成した時点で内容や書類の適格性が審査される。

意向書審査をパスすると、次は「項目建議書」の作成段階が待っている。こちらの書類は、「合弁事業プロジェクトが本当に実施できるかどうか」の審査を受けるための予備資料である。予備資料といっても、内容には十分気をつけなくてはならない。合弁意向書同様に厳しい審査があり、不適格の場合は、続くフィージビリティ・スタディー書の作成に進むことができないからだ。

フィージビリティ・スタディー書の審査が終了すれば、あとは「合弁契約書」を作成し、「定款」を締結して、煩雑な諸手続きはすべて完了する。国家工商行政管理局から、合弁事業開始の営業許可証が交付された後、晴れて合弁のプロジェクト事業はスタートする。

ここまでの合弁事業化プロセスを一読して理解できることは、中国における合弁ビジネスは「まずプロジェクトありき」であるという点だ。「どのようなビジネスを、どのようなプロセスで実施していくのか」という計画内容とアプローチの審査に合格しなければ、合弁事業をスタートさせることはできない。

ところが、事業目的をクリアにする多段階の審査手続きを慎重に繰り返しても、日中のパートナーが抱える「本音の事業目的」が、なかなか見えてこないという現実がある。

自分たちが事業パートナーとして手を結ぶ相手は、合弁事業にいったい何を望んでいるのか。

パートナー双方が最も知りたい胸の内が、事業化交渉の最後まで水面下に沈んでいるケースも少なくない。

合弁事業スタートにおけるタフな交渉の最前線に立った中村が、述懐する。

「合弁事業をスタートさせるとき、合弁相手の意図を正確に把握することは大切です。双方の思惑が食い違うと、合弁事業スタート後に問題が発生し、事業の遂行そのものが頓挫《とんざ》する危険が大きい」

中国側パートナーは日本の合弁相手に、いったい何を望んでいるのか。

次のような指摘がある。

《中国側パートナーが望む合弁メリット》

(1) 国有企業が抱える不採算ビジネスの整理
(2) 整理対象の国有企業が抱える従業員の雇用確保

合弁事業という夢の事業ビジョンには、改革・開放経済に勝ち残ろうとする国有企業のしたたかな思惑が潜んでいる。

「中国側パートナーが模索する不採算ビジネスの整理には、抱え込んでしまった不良資産の処理も当然含まれます。不良資産と化してしまった生産設備を、少しでも有利な条件で処理したいというのも、中国側パートナーの大きな関心事でしょう」

事実、サントリーに合弁オファーを送った南京や南通のケースは、あと一歩で「合弁契約成立」という段階まで交渉が煮詰まったにも関らず、土壇場で明らかになった不良資産問題や雇用問題が原因で、物別れになってしまった。

紆《う》余《よ》曲折《きょくせつ》の交渉を重ねた揚げ句、白紙に戻ってしまったサントリーの合弁事業計画が、再び現実のテーブルに載って動きだしたのは、一九九五年五月のことだった。

「合弁契約が成立したのが九五年の一二月ですから、約半年の交渉でGOサインにこぎ着けました。極めてスムーズな合弁交渉だったと思います」

なぜ、サントリーの上海合弁プロジェクトは、スピード契約が可能だったのか。

合弁事業契約の舞台裏を、さらに検証していきたい。

中国側パートナーが抱える合弁条件の本音

上海合弁プロジェクトのテーブルに着いた中国側パートナーは、合弁事業に対する期待を謳《うた》い上げた。

「新たな合弁プロジェクトが誕生すれば、素晴らしい新製品が開発され、新しい市場を創造することができる。我々は今、企業発展の基礎を築こうとしている」

合弁プロジェクトの将来はつねに光り輝いている。合弁企業双方の「強み」が合体することを前提にして、合弁事業の成功方程式は構築されている。

しかし、現実はどうなのか。

合弁プロジェクトは双方の「強み」を合体する「最強の企業プロジェクト」なのだろうか。

サントリーと合弁プロジェクトを検討するテーブルに着いた国有企業の幹部が、胸襟を開いて美辞麗句の裏側を打ち明けた。

曰く「残念ながら自分たちは、不良資産を抱えて立ち行かない状況に追い込まれている。新たなビール事業に活用できる資産の売却を考えている」

曰く「雇用の確保には最善を尽くしたい。合弁プロジェクトは雇用の継続を条件にスタートしたい」

合弁パートナーは、事業の失敗によって抱え込んでしまった「不良資産の買い取りと従業員の雇用継続」を、合弁プロジェクトの合意条件に組み込みたいと提案してきた。

サントリーとしては、大消費地の上海を手中に収める絶好の合弁パートナーだったが、採算性を無視した合意はできない。従業員の雇用にしても、新規事業の立ち上げから膨大な固定費を抱え込むスタートが、合理的な経営選択といえるのか。

中国側パートナーが突き付けた合弁条件と事業性の見極めが、「最大の契約課題」であった。

再び、タフな交渉がスタートした。

雇用条件の「歩み寄り策」が検討されていった。

能力査定。

サントリーと中国側パートナーは、雇用問題を合理的に解決する手段として、従業員一人ひとりの「能力査定」を行うことで合意した。

能力査定の対象者は、約六〇〇人に及ぶすべての在籍者である。

従業員個々人の能力を客観的に査定する一方で、雇用の継続を保証する条件を詰めていったのである。

当初、中国側パートナーは「すべての従業員を無条件で再雇用してもらう」と主張していたが、サントリーは事業の設計図を客観的に示しながら、ぎりぎりの雇用継続ラインを提示していった。

「六〇〇人の従業員をすべて雇用継続することは不可能でした。客観的な能力査定に基づき約四〇〇人を再雇用する方向で、意見は一致した」

雇用の継続保証は、全従業員の三分の二に限定せざるを得なかった。能力査定の結果によって、雇用を継続できなくなった三分の一の従業員に関しては、「中国パートナーサイドで再雇用の受け皿を用意する」という条件で、雇用問題はようやく解決した。

「能力の査定は、仕事に対する実務能力、勤務態度をベースに、筆記試験なども活用しながら行っていきました」

▼中国の労働期間に関する契約の種類

ここで、中国の労働期間に関する契約をごく簡単に解説しておきたい。契約の種類には、次の三つがある。

(1) 固定労働契約
(2) 無固定労働契約
(3) 特定作業完了契約

(1)に示した「固定労働契約」というのは、最もポピュラーな労働契約の一つである。一年契約、二年契約、三年契約といった具合に労働期間を定めた上で(労働契約の有効期間を了解した上で)、企業と従業員が雇用契約を結ぶ。雇用期間を満了した契約は有効性を失うことになり、雇用継続の契約を結ばない限り従業員は失業することになる。

サントリーは、この固定労働契約システムを巧みに運用していった。仕事に慣れが生じてマンネリ化し、生産性を落としかねない単純労働の従業員に対しては、一年契約という短期の雇用契約を適用していった。

理由は明解だ。

勤務態度が不良の場合は、最長一年間で雇用を打ち切ることができるからである。従業員にすれば、一年間で雇用契約を打ち切られては、生活設計に支障が生じる。一年契約という短期の雇用契約が、仕事に対するモチベーションを高めて、高い生産性を実現させる原動力となった。

続く、⑵の「無固定労働契約」というのは、逆に雇用期間を限定しない雇用契約となる。日本流に解釈すれば、「終身雇用」のイメージに近い労働契約だ。

この無固定労働契約が成立する条件は細分化しているが、ごく一般的な条件としては、「連続した勤続年数が一〇年を超える労働者が無固定労働契約を希望したとき」という規定がある。つまり中国では、勤続年数が一〇年を超える従業員から「終身雇用」の希望があった場合、企業はそれを拒否できないという現実がある。

固定費を抱え込む企業にとって、大変厳しい労働条件である。無固定労働契約者の雇用比率をいかに調整するかは、中国ビジネスを成功させるための、大きな人事政策課題となっている。

さらに⑶の「特定作業完了契約」というのは、特定の作業が完了するまで有効な労働契約である。作業と期間を限定した特別な契約スタイルとして、活用されている。

以上の三つが、中国ビジネスにおける代表的な労働契約になる。これから中国へのビジネス進出を計画している企業は、中国特有の雇用契約を十分研究した上で、合理的な人事政策を構築してもらいたい。

ここで、視点をサントリーの雇用問題に戻そう。

サントリーと中国側パートナーとの間では、次のような結論が出された。

◆無固定労働契約の希望者は、継続雇用する

◆固定労働契約の適用者は、客観的な能力査定の結果によって、三分の二に相当する従業員を継続雇用する

「ライン業務の核となるキーマンは、どうしても必要な人材です。また比較的年齢が若くて、労働意欲に溢れている人たちも、優先的に働いてもらうことにしました」

人材の雇用問題とともに合弁契約締結の大きな条件となったのが、不良資産の評価、処理問題だった。

「不良資産処理の大きなハードルは、主に工場設備の評価でした。中国側パートナーとしてみれば、自分たちが抱え込んでしまっている保有設備を、少しでも良い値で売却したいと思っている。無価値の評価を下されてスクラップになったら、合弁交渉そのものに甚大な影響が及ぶからです。一方、サントリーとしては、生産に不要な

設備を大量に抱え込むことは、何としても避けたい。双方の思惑が全面対決しました」

設備評価は一つひとつの機械を対象に行われていった。「この機械は使える」、「これはまるで価値がない」といった具合に、設備の個別評価を算出しながら、トータルの資産評価が下されていった。

評価確定までの道程《みちのり》は、サントリーの想像を超えた難交渉の連続だった。

なぜ、中国側パートナーは保有する資産の評価に、それほどこだわるのか。

それは、合弁パートナーとして資本出資する際に、「現物出資」の出資スタイルを、最大限活用するためにほかならない。資本出資する際に、資本体力で優る日本企業はフレッシュマネーと呼ばれる現金を出資するケースが少なくないが、不良資産を抱えて非常事態に直面している中国側パートナーは、現金ではなく、生産設備といった現物出資で応じることが多い。*

ゆえに、保有資産の評価額は中国側パートナーが資本出資する際の「現物出資」の状況を大きく左右する重大問題になる。「保有する設備を一円（元）でも高く評価させたい」と切望する中国側パートナーには、「合弁出資戦略の思惑」が見え隠れする。

こうして、合弁プロジェクトに向けた人材と資産、ヒトとモノのタフな交渉を駆け

＊サントリーの上海ビジネスは上海市糖業煙酒公司の子会社工場を改造してスタートした。

足で乗り越えたサントリーと中国側パートナーは、サントリーが運用資金を拠出し、合弁相手企業が現物出資するという資本条件で、一九九五年一二月に上海三得利啤酒有限公司という合弁企業を設立。資本出資はサントリーが七〇パーセント、合弁パートナーが三〇パーセントという比率で、念願の合弁プロジェクトがスタートした。

合弁プロジェクト成功の落とし穴

紆余曲折の末に出港した船出を祝う間もなく、すぐに事業継続の危機が迫ってきた。

危機の背景は、こうなっている。

「資本の七〇パーセントに相当するサントリーの出資金を活用して九六年八月までに、主要な工場設備を改造していきました。そして、いよいよ九七年から製品の出荷を始めたのですが、おかげさまで消費者からの評判が良くて、すぐに増産体制に入ったのです」

不安を抱えてスタートした合弁プロジェクトは、生産開始直後から増産体制に入るという幸運に恵まれた。

ところが、出だし好調な合弁事業の中に、危機は潜んでいた。

日系企業が対中ビジネスに進出する場合、「合弁、合作《がっさく》、独資」という「三資企業」

▼三資企業（合弁、合作、独資）の形態と相違点

の形態を選択することが一般的だが、合弁企業と合作企業で最も違う点は、事業資金や損失の負担方法にある。詳細は法律の専門書を繙《ひもと》いてもらいたいが、ごく簡略に説明しておくと、左記のような相違がある。

合弁企業というのは、合弁のパートナー同士が出資比率に応じて、利益や損失を平等に分配、負担する経営形態だ。事業を遂行して利益が出れば出資比率に応じて分配し、損失が出ても出資比率に応じて負担する。事業の資金需要に応える「増資」に関しても、出資比率に応じて負担し合う「平等主義」が、合弁企業を貫いている。

一方、合作企業というのは、パートナー同士の契約によって、利益分配や損失負担の比率を自由に取り決めることが可能な経営形態だ。利益の配分や投資の分担が、必ずしも出資比率に拘束されないところに、合弁企業との最大の相違点がある。

その他、合弁企業は事業執行者のNo.2に相当する「副総経理」を置かなければならないが、合作企業にその義務はない。また日本企業の取締役に相当する董事《とうじ》の任期も、合弁は四年間、合作は三年間という違いが存在するが、合弁と合作の最も大きな相違点は「利益の配分と損失の負担にある」といえるだろう。

サントリーと中国側パートナーが手を組んだ新規合弁プロジェクトは、「うれしい誤算」で商品需要が急増した結果、すぐに生産設備の増強が議論されるようになった。

「商機を逸したら、ビジネスは成功できません。今すぐにでも、生産設備の増強に着手すべきです」

サントリーは積極的な設備増強計画を策定して、合弁パートナーに提案した。

ところが意に反して、パートナーの反応は鈍かった。

「そんなに急いで設備を増強しても、ビジネスが成功する保証はない。もう少し、慎重に投資計画を練り直したらどうか」

中国側パートナーが慎重論を唱えると、サントリーも反論する。

「生産設備の増強は、いま投資計画を策定したからといって、明日から稼働し始めるものではない。増強設備が稼働するまでの準備期間を計算すれば、投資までの時間的な猶予はない」

積極論と慎重論。

サントリーと中国側パートナーの設備投資計画は、真っ向から対立してしまった。

慎重論を唱える中国側パートナーの主張にも一理はあったが、それ以上に中国側パートナーの投資マインドを冷やしていた事情は、合弁企業のシステムによる「投資資金の分担」だった。

合弁契約によれば、三〇パーセントの資本比率をシェアしている中国側パートナーは、設備増強のための増資においても、三〇パーセント分相当の資金を分担する義務がある。中国側パートナーはこの資金分担義務がネックとなって、「投資慎重論を唱えざるを得ない」という本音の事情を抱えていた。

現物出資でようやく合弁事業をスタートさせたばかりでは、追加の資本出資に応じるだけの余裕はない。

これが、「慎重論」の根拠となる「本音」だった。

改革・開放の入り口に立つ国有企業の資本体力は「総じて脆弱《ぜいじゃく》」というのが現実であり、そうした中国側パートナーの弱点は、サントリーのケースのようにプロジェクト事業がスタートした後に、表面化することも少なくない。

「このままでは双方が対立したまま、いたずらに時間だけが経過して、事業拡大の機会を逸してしまう可能性が高い」

膠《こう》着《ちゃく》した事態を打開して、事業を積極的に展開していくには、どうすればよいのか。

その難題を解決したのが、「合作企業のシステム」への転換だった。合作であれば資本出資比率に関係なく、個別契約によって自由に資金の分担率を取り決めることができる。

合弁から合作への移行問題が話し合われた結果、上海三得利啤酒有限公司は、三得利啤酒（上海）有限公司という合作企業として、再出発することになったのである。一九九七年、合弁事業のスタートからわずか二年後の出来事だった。

サントリーの合弁プロジェクトを立ち上げるプロセスには、中国ビジネスの現実に直面した企業だけが習得できる「ノウハウ」が詰め込まれている。

《合弁プロジェクト交渉は、中国側パートナーの本音を見抜け》

合弁契約に向けて少しでも有利な立場を維持したいと考える日中双方の企業は、議論のテーブルに着席しても、なかなか本音を明かそうとはしない。「自社にとって不利な状況や条件は可能な限り蓋《ふた》をして契約したい」と考えるしたたかな企業も少なくない。

そうした合弁契約の難局に臨むとき、日本企業は是非とも、サントリーが体験した中国側パートナーとの「タフな交渉」を参考にすべきである。

中国ビジネスの成功は、事業の基本戦略を確定する「合弁契約にかかっている」とも断言できる。合弁契約は、新規事業の単なる出発点ではなく、「事業の成否がかかった真剣勝負」であることを強く認識し、中国側パートナーの「本音」を見抜く有利な交渉を実現するために、全力投球しなければダメである。

中国側パートナーの本音は、契約条項のどこに隠されているのか。「交渉の核心を見抜いた企業が契約の勝者となる」と心得るべきだろう。

《人材や資産に関する契約は、一つひとつの条件を個別に精査する》

合弁プロジェクト契約の中で、正念場となるのが「人材と保有資産に関する契約」である。

中国側パートナーは、当然自社に有利な条件を突き付けてくるが、日本企業には契約条件の中身を慎重に検討する「冷静さ」が求められている。複雑な契約を嫌悪して、中国側パートナーの条件を丸のみすることは、プロジェクトにとってベストな選択にはならない。

なぜならば、日中双方のパートナーは合弁プロジェクトが成功してこそ、利益を分配できるからである。利益というリターンを双方が享受するためには、何が何でも合弁事業を成功に導かなくてはならない。「合弁契約はプロジェクトを成功させるために存在する」という事実をしっかり自覚して、契約条件を査定してほしい。

《合弁プロジェクトに潜む事業成功の落とし穴に注意》

巧妙な駆け引きを見破りながら合弁交渉を妥結し、いざスタートした合弁プロジェクトが成功した途端、また新たな経営問題が生じることがある。サントリーのケーススタディーは、そうした中国ビジネスの不可解な現実を、分かりやすく示してくれている。

気をつけなければならないのは、中国ビジネスの企業形態に「事業継続の危機」が、深く関係している点である。中国ビジネスを立ち上げる際、多くの日本企業は合弁、合作、独資といった企業形態を学習するが、そうした表面的なシステム理解では想像できない問題点が、これらの企業形態に隠れていることを、サントリーの事例から読み取ることができる。

合弁でスタートして事業を成功させたサントリーの中国ビジネスは二年後、どうして合作に切り替えなければならなかったのか。

中国ビジネスの「奥行きの深さ」がそこにあることをしっかり掴《つか》んで、明日の戦略策定に活かしてもらいたい。

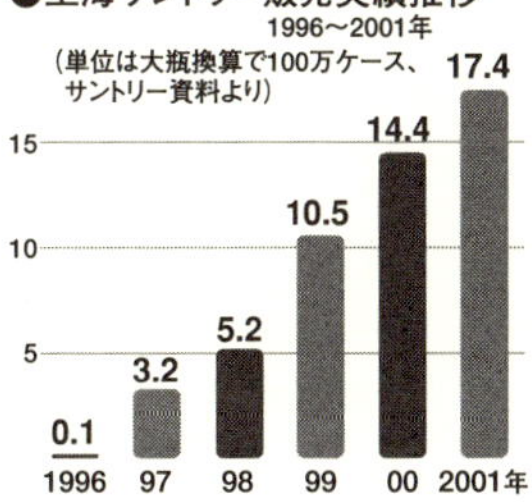

●上海サントリー販売実績推移

商品戦略の大転換と経営の現地化政策の徹底

販売量の低迷と上海市場参入への三つの障壁

上海のビール市場を制した三得利啤酒（上海）有限公司の主力商品は、通称「白」（六四〇ミリリットル瓶で二・六元）と「金」（同じく六元）と呼ばれるライトな味のビールである。

江蘇省で中国ビジネスの第一歩を踏み出したサントリーは、約一〇年間のビール生産実績を積み上げた後、巨大消費市場の上海に乗り込んでいった。

「上海市場のビールビジネスは、一九九六年九月から一二月にかけて実施したテストマーケティングからスタートしました。実際に上海市場向けの商品を製造して出荷しながら、消費者の反応を掴んでいったのです。そうですね、味のレシピとしては、江蘇省で製造していたビールに近いものだったと思います」

中国現地法人の総経理を務めた中村丈夫は、上海市場攻略ビールの開発経緯を振り返った。

一〇年間という中国でのビールビジネスがベースになって、上海市場の攻略ビールが模索されていった。

中国のビールがどういうものであるかは、だいたい把握できた。サントリーが持つビール製造の技術と中国市場の味覚分析を総合すれば上海市場への参入もスムーズに展開できるかもしれない。

そうしたビジネス予測を胸に秘めながら、テストマーケティングが実施されていった。

ところが、大消費地・上海の反応は予想外に悪かった。準備万端の自信作が、さっぱり売れない。弾き出した「販売予想数量の四割を超えるのがやっと」という、無残な結果が突き付けられた。

なぜ、サントリーのビールが売れないのか……。

経営陣の自信は、木っ端みじんに打ち砕かれた。

すぐに、テストマーケティングの結果が分析されていった。

市場参入への障壁として最重要視された課題は、次の三点に集約される。

(1) 価格

(2) 味

(3) 流通チャネル

「中国で一般に愛飲されているビールの青島が三・八元でしたので、当社も同一の価格設定で販売したのですが、約四元というビール価格は、必ずしも一般消費者に支持される価格ではなかった」

上海では青島が三・八元、大衆ビールに分類されるビール群は、二・五元程度の価格設定となっていた。上海市場の攻略を目指した新商品のコンセプトは、「大衆クラスのワンランク上」をターゲットに設定されていた。

もう一つの検討課題となった味覚の躓《つまず》きは、ライバル商品との「差別化の失敗」を意味した。

「味としては、これも人気ビールだった力波やベックスという輸入ビールに近い味で商品化しました。どちらかというと、中国のヘビーユーザーに好まれる正統派の味レシピでしたね」

ビールを日常的に愛飲しているヘビーユーザー好みの味は、結果として既存商品との差別化を困難にした。上海の消費者に、「新しいビールが誕生した」という新鮮なインパクトを与えることができなかったのである。

ビール開発の最重要課題である価格戦略と味覚の設計に失敗した新商品は、ビールを消費者に届ける流通チャネルの問題も抱えていた。

上海におけるビールビジネスは、長く国有の大卸が支配していたが、大卸の商品流通はどうしても販売実績のある人気商品が主体になってしまう。大量供給が可能で、利益を稼げる人気商品の取り扱いを優先する大卸にとって、海のものとも山のものとも分からない新商品のプライオリティは低い。

流通の卸段階で不遇な取り扱いを受けてしまえば、当然ながら末端の小売店に商品は届かない。「商売になる人気ビール」を優先して流通チャネルに流す大卸のシステムは、新商品にとって大きな市場参入障壁だった。

徹底したマーケットリサーチから新たなターゲットを開拓

三つの課題を抱えて予想を大きく裏切る結果となったテストマーケティングに並行して、さまざまなマーケットリサーチも行われていった。上海の消費者を年齢別、性別、収入別、地域別などのカテゴリーに分類し、それぞれのカテゴリーに所属する人たちのビール嗜好をリサーチしていった。

たとえば、三〇〇人単位の二〇~三〇歳の若者だけを対象に、上海で愛飲されているビールの銘柄を秘したまま飲んでもらったり、試作したビールを提供して率直な感想や評価を下してもらう。任意の消費者を対象に実施する一斉調査やカテゴリー別のグループに分けたグループインタビューが、繰り返し繰り返し実施されていった。

その結果、浮かび上がってきた上海のビール嗜好とは、いったい何だったのか。

「週に何本もビールを飲んでいるいわゆるヘビーユーザーの人たちは、比較的濃い味わいのビールを好むという傾向が掴めました。市場に流通している人気ビールの味は、そうした濃いタイプが主流だったのです」

テストマーケティング用に新開発したサントリーのビールも、味覚設計は濃いタイプに仕上げられていた。その意味で、日常的にビールを愛飲するヘビーユーザー好みのビールを市場投入したことになる。

ところが、そうしたスタンダードな味レシピは、特定銘柄のビールを長年愛飲し続けているヘビーユーザーにとって、新たな購買意欲を刺激される商品ではなかった。「同じような味なら、飲み慣れたいつものビールを飲み続ける」と、ヘビーユーザーはそっぽを向いたのである。

しかし、マーケットリサーチを丹念に分析していくと、思いがけない「発見」に出会った。濃い味わいを好むヘビーユーザーとは違って、「二〇～三〇歳代前半という若い消費者はライトな味のビールを好む」という傾向が、くっきりと浮かび上がって

「上海の味」を実現したサントリービールの仕込み工程

きたのである。

上海の若者は、ライトな味のビールを欲しがっている。味のレシピとして差別化が難しく、特定銘柄へのこだわりが強いヘビーユーザー好みのビールを模索するのではなく、これから育っていこうとしている若いビールユーザーをターゲットにしたライトなビールを新開発しよう。

サントリーは、商品開発の方向を一八〇度転換する大きな決断を下した。

既存市場のヘビーユーザーを「敢えて捨てる」という大胆な戦略転換が、シェア七〇パーセントを実現した上海ビールビジネスの再スタートになった。

新たな味覚設計に挑む商品開発は、山崎のビール研究所を中心に行われていった。

「京都の研究所で試作したビールを上海に運び込んで反応を集め、消費者の声を分析しながら、新しい試作ビールを作るという繰り返しです」

サントリーは、日本市場でも比較的ライトな味覚のビールを開発している。そうした味レシピの蓄積が、上海攻略で活かされていった。

そして一九九七年一月、味わいを一八〇度転換した新開発のビールが完成し、冬場の需要が見込める「旧正月期」を目途に、市場供給されていった。

価格戦略も刷新された。

三・八元の価格設定を二・六元に変更し、同時に六元という高価格帯のプレミアムビールを新開発した。中国のビールカテゴリーを形成する大衆ゾーンと高級ゾーンに一斉参入する「二正面作戦」が断行されたのである。

ビールの味を大転換し、価格設定にメスを入れて、商品構成を充実させた上海ビール戦略は、もう一つの市場参入課題である「流通チャネル改革」を積極的に推進していった。

流通チャネル改革と現地化の徹底

ビールのヘビーユーザーを切り捨てるという大胆な商品開発戦略を打ち出したサントリーは、流通チャネル改革を断行して「大卸との絶縁」を決断した。狙いを定めたのは、個人営業者も少なくない中小卸商との業務提携だった。

上海市内には約一〇〇〇軒といわれる中小の卸商がひしめき合っている。

この中小卸商にどのようなアプローチをすればよいのか。教科書はなかった。

サントリーは、急いで上海エリアの中小卸商リストを作成し、一軒一軒を戸別訪問する「ドブ板開拓作戦」に着手した。

「こんにちは、サントリービールです……」

メーカーの営業マンが、中小卸商を体当たりで訪問しながら、サントリービールを売り込んでいった。

上海市場攻略で手を結ぶ卸商の選別条件は、次の五つのポイントが重視された。

(1) やる気
(2) 財務内容
(3) 倉庫の有無
(4) 小売店営業
(5) リヤカーの有無

中小卸商は、平均して一社で三〇〇店ほどの小売店を抱えて、リヤカーに商品を満載しながら、取引店の店先に商品を配送する。上海市内に約六万店と数えられる小売店への商品配送に、便利で手軽なリヤカーは欠かせない商売道具になっている。

「小売店といってもいろいろなタイプの店がありますが、複雑に入り組む路地には日本にあるたばこ屋さんか雑貨屋さんといった感じの店が、少なくありません」

たばこ店の店先を想像すると、上海の小売店がイメージできるかもしれない。日本のたばこ店はたばこを専門に販売している店がほとんどだが、上海の小売店はビールを販売する店が、酒や醤油、食料品、石鹸、シャンプーに至る多種多様の生活商品を

小売店はサントリーのソフトドリンクで相乗利益を上げる

狭い店内に並べている。ビールクーラーに入れるビールは夏場で五～六本、需要が落ちる冬場になると二～三本に減ってしまう。

「その二～三本の収納スペースにサントリービールを押し込むためには、地元の小売店に密着しながら活動している中小卸商の営業力が最大の武器になる」

サントリーは、地元の小さな小売店との強いネットワークを形成している中小卸商に対する個別営業を展開する一方で、小売店の開拓にも乗り出していった。

「卸商は基本的に小売店営業はやりませんが、当社では営業マンと一緒に卸商の皆さんにも、小売店開拓をお願いしている」

営業マンは、自分が担当するエリアの小売店を「一週間に一度」の頻度で訪問を繰り返す。靴底を減らしながら小売店を訪問し、もし商品ストックが切れていれば、すぐにエリア担当の卸商に連絡を取って、商品を運んでもらう。ライバル商品がいつの間にかショーケースを占領していたら、サントリービールを一本でも陳列できるように工夫する。

小売店に突撃訪問する営業マンは、一日で約四〇軒を回る猛烈ぶりだが、それでも上海エリアに約六万軒ひしめく小売店をカバーするのは至難の業だ。

そこで、浮かんだ知恵が、中小卸商との「タイアップ営業作戦」だった。

「営業マンがカバーできない分は、卸商さんにご協力いただいて、新規開拓営業を展開しています。卸商さんも、サントリービールの新規開拓に成功すれば、他の取扱商品の取引も増えますので、小売店開拓のメリットは小さくないのです」

サントリービールの新規取引に成功すれば、自社で扱っているソフトドリンクや醤油や食料品も一緒に営業できてしまう。しかも営業の武器になるのが上海市場で大人気を獲得しているサントリービールとなれば、中小卸商の営業メリットはさらに拡大する。利益が利益を生む好循環が創造された。

メーカーと卸商が共同で小売店を開拓する斬新な営業方法は、それまでの中国の市場慣習には存在しなかった。

こうした業界の常識を覆す小売店営業が可能になった背景には、サントリーが実施してきた徹底的な「現地化」がある。

「異言語、異文化の社会に入ってビジネスを展開するとき、通訳を介した意志の疎通には限界があります。とくに人間関係が重要なマネジメントにおいて、言葉の障壁は致命的な欠陥になりかねない」

サントリーは江蘇省にビジネス進出を行って以来、時間をかけて現地化を着実に推進してきた。

サントリーの最新鋭の昆山工場

まず、本社スタッフとして中国人社員を採用し、日本において十分な業務経験を積んでから、駐在員として中国に派遣して現場の責任者に登用した。サントリービジネスとサントリー文化を最もよく知る中国人スタッフを育成することで、中国ビジネスのコア人材を強化していったのである。

街角の小売店主を訪問し、一軒一軒新規開拓している営業マンも、すべて現地スタッフの中国人だ。中国人の営業マンが地元の小売店主を突撃訪問し、現地の中小卸商経営者と二人三脚でサントリービールの取扱店を急増させてきた。

「現地経営の基本方針は、現地スタッフが全業務を担当し、必要な部分のみ日本人の派遣社員が担当するというものです」

必要な業務に関してのみ、日本からの派遣社員が仕事を分担する。

ここまで徹底された中国ビジネスの「現地化政策」が、サントリーの成功を根底で支えている。

一九九七年の一月から市場投入された新開発ビールは、需要期の夏を迎えて一気にブレイクして生産が間に合わなくなった。九九年末には一六万キロリットルの生産増強をしてもまだ品薄状況が続き、二〇〇一年五月に上海近郊の江蘇省昆山に生産能力九万五〇〇〇キロリットルの最新鋭工場（二〇〇二年には一八万五〇〇〇キロリットルに増強予定）を稼働させるまで、供給が追い付かなかった。

上海市場を独占した勝因と戦略

《商品戦略の転換にはスピードと決断が求められる》

上海市場を制したサントリーの勝因はさまざまな角度から分析することができるが、最大の成功要因は、商品開発戦略の大転換にある。中国ビジネスにおける十年間の経験と蓄積を捨て去って、市場の声に耳を傾けながら商品戦略を一気に再構築した「スピードと決断」がなければ、今日の成功はあり得なかった。

戦略にメスを入れるときは、それまでの経緯やプライド、面子を思い切って捨てる勇気が必要なことを、サントリーの体験は教えてくれている。

《既存の流通チャネルを過大評価しない》

中国ビジネスに参入する日本企業にとって、流通チャネルの整備は非常に重要な経営課題になっている。広大な中国市場を相手に、自前で一気に営業網を構築する選択は、膨大な投資コストと時間を必要とする。

ゆえにほとんどの日本企業は、既存の流通チャネルを利用する営業政策を選択せざるを得ないが、サントリーはこの常識を打ち破ることで、成功へのパスポートを手に

上海市内で話題のビール広告

入れた。

では、どうしてサントリーは自前の流通チャネルを開拓して、自前の営業ネットワークが構築できたのか。

その理由は、たった一つ。

営業エリアを上海だけに限定した「一点突破主義」の徹底である。単一の中国市場という現実には存在しない市場の幻想に振り回されることなく、上海市場だけにターゲットを絞り込んで、エリア制覇を成し遂げたのだ。

マーケットを拡大させず、限定的に絞り込むことで、マーケットを手中に収めたサントリー戦略は、中国ビジネスに邁進する日本企業にとって優れたケーススタディーとなっている。

《中国ビジネスの基本は徹底した現地化にある》

異言語、異文化の中国にビジネス進出する日本企業のマネジメントスタイルは、管理スタッフが日本人社員、工場などの現業部門は労働コストの低い中国人スタッフというケースが目立つ。

しかしながら、そうしたマネジメントスタイルは、中国をあくまでも生産コストを押さえる製造拠点と認識する、時代錯誤の経営手法といえるだろう。

たしかに中国は少し前まで非常に魅力的な「世界の工場」だったが、ＷＴＯに加盟した今では、「世界一有望な市場」に成長しつつある。

二十一世紀の中国を工場ではなく、市場と認識するならば、中国ビジネスの成功に現地化が不可欠な理由も、鮮明に浮かび上がってくるに違いない。

これから中国ビジネスに進出する日本企業は、単眼的にコストメリットだけを実現させるのではなく、最先端の生産拠点で製造した製品を中国市場に供給し、販売する「新たなビジネスモデル」を構築しなければならない。

サントリーの徹底した現地化経営には、二十一世紀の中国ビジネスの「勝者」となるための経営マネジメントが、くっきりと明示されている。

模倣品を駆逐して小売店を囲い込んだサントリー商法

大ヒットを裏付けるごとく繁殖するコピービール

一九九七年一月に新発売されたサントリービール「白」と「金」は、一気にヒット商品街道を突っ走りだした。

中村が、こんな裏話を披露する。

「発売直後から、このビールはいけるんじゃないかという感触を持ちました。というのも、サントリービールが発売されて約一カ月半後には、瓶もラベルもそっくりなコピービールが売られるようになったんです」

食品を製造販売するメーカーにとって、見た目だけ同じようにコピーされ、中身はまるで違う模倣品の誕生は、決して看過すべき事態ではない。サントリーもさっそく模倣品の実態把握に動きだしていった。

ところが、模倣品に神経を尖らせるサントリー経営陣を前にして、ともに営業開拓に邁進している中小の卸商が、こう言った。

「サントリーさん、このビールはきっと大ヒットしますよ。我々も、がんがん売りまくって儲《もう》けましょう」

新商品のヒットを確信したかのような卸商の口ぶりに、中村が言葉を返した。

「何でそんなことが分かるんですか。サントリービールはまだ、誕生したばかりですよ」

すると、卸商が言った。

「私も長い間、この商売をしてきましたが、こんなに早く偽物が出回ったのは、初めてですよ。彼らはこの商品は売れると確信したからこそ、すぐに偽物を作ったんです」

「……」

中村は、卸商の言葉を聞いて「そういう見方もできるのか」と思いを巡らせた。

ただし、模倣品の誕生でヒット街道を突っ走ることと、コピー商品を野放しにしておくことは、まったく違う次元の判断である。

サントリーは、まるでモグラ叩きをするかのように、模倣品対策に全力を傾注していった。

ラベルデザインを真似されないために、ラベルの裏側に筋を入れて、一目で本物と偽物を区別できるようにした。さらに、製造技術を駆使して、ビールの王冠に製造した日付と時間を印刷した。

「製造の日付までは真似されても、分単位で製造時間が変わる時間まで、偽物業者は印刷できないだろうと判断したのです」

しかし、こうした必死の努力をあざ笑うかのように、模倣品は繁殖した。サントリービールが市場で売れ出して、現実にヒット商品となればなるほど、コピービールも出回りだしていく。

一石三鳥の効果を発揮した模倣品対策

模倣品との果てしない闘いは、抜本的な解決策が得られないまま、年月を重ねていった。

なんとか対策を打たなければならない。

そこで、考え出されたのが「専用瓶」の開発だった。

それまでは中国市場で一般的に使われているビール瓶にサントリービールのラベルや王冠を取り付けて販売していたが、一九九九年からはサントリービールの専用瓶を

＊中国ではＷＴＯ加盟を契機に専利法（特許法）が改正され、業として意匠専利製品の製造や販売、輸入をすることが明確に禁じられた。

模倣品対策で瓶にロゴが入った

開発したのである。

中国で認定されているビール瓶は、重量で四八〇グラムの規制がかけられているが、四八〇グラム瓶ではどうしても強度が弱く、流通段階などで「破瓶」が頻発した。

「破瓶対策に関しては以前からいろいろと検討を繰り返していたのですが、コピー商品対策も同時に実行できる手段として、専用瓶の開発を決断した」

専用瓶の重量は約六〇〇グラム。一般のビール瓶よりも一二〇グラム重く、日本で使用されている瓶と同タイプのものである。

しかも、模倣品対策＊としてビール瓶に直接サントリービールのロゴをデザインした結果、ラベルを張り替えるだけではコピービールが製造できなくなった。

まさしくサントリービールだけの専用瓶が誕生したのである。

「専用瓶の開発によって、コピービールはほとんど市場から姿を消しました。現在は九九パーセント、コピービールが消滅したと思います」

ただし、専用瓶が「専用」であるためには、一つだけ条件があった。

一度市場で販売された専用瓶が確実にサントリーの手元に戻ってくるシステムが機能しなければならなかった。市場で販売された専用瓶が、いつしか偽物製造業者の手元に迂回して、再び中身を入れ替えた模倣品が出荷されるようでは、専用瓶のメリットは享受できなくなる。

そこで、サントリーは一計を案じた。

サントリービールを販売する小売店から、ビール一瓶につき〇・五元の「保証金」を徴収する手段を実施したのである。サントリービールを販売した小売店が、きちんとビールの空き瓶を回収すれば保証金は戻されるが、回収できなかった場合は、保証金が没収されてしまう。

私たちには小売店が支払う保証金が、どれくらいの金銭価値に相当するのかが分かりづらいが、次のような数字の比較をすると金銭価値のイメージが掴みやすい。

〇・一元と〇・五元。

小売店がサントリービールを販売して儲ける利益が、ビール一本につき〇・一元となっている。ビール瓶の回収不能状態を引き起こせば、五本のビールを販売した利益がいっぺんに吹き飛んでしまう計算になる。二本の回収不能ならば、一〇本分の利益が消えてしまう。

ゆえに、サントリービールを取り扱う小売店は、自身の利益を確保するためにも、サントリーの専用ビール瓶を徹底回収せざるを得なくなる。

サントリーが苦労を重ねて知恵を絞りながらたどり着いた模倣品対策の「専用瓶」

開発は、次に示す「一石三鳥」の効果を発揮した。

(1)　市場から模倣品を駆逐した

(2)　破瓶対策を実現し、製造物責任を果たした

(3)　専用瓶の回収システム構築で、小売店の囲い込みに成功した

多額の保証金を覚悟してまでも「サントリービールを取り扱いたい」という小売店を増やすことで、小売店の囲い込みが浸透していった。小売店にとってサントリービールは他のビールと同様の商品ではなく、最も人気のある「大切なビール」にほかならない。

この大切という意味は、人気商品として大切であるばかりでなく、「一度販売したら空き瓶をしっかり回収しなければ儲けを失ってしまう」という意味で、他のビールよりも何倍も大切なビールになる。

サントリーはすでに上海エリアで約一〇〇軒の中小卸商ネットワークを築き、二〇〇一年は売上高の上位一万店の小売店に、ビールクーラーの報償を提供する囲い込み策を実施して、販売ネットワークを強化している。

サントリーが上海で「七〇パーセント」という驚くべきシェアを獲得した裏側には、模倣品対策が契機となった一石三鳥の「専用瓶戦略」の導入効果が、あることをしっ

かり学習してほしい。

第2章

本田技研工業

高級車市場を快走する
ホンダ流成功方程式

広州本田汽車有限公司 (Guangzhou Honda Automobile Co., Ltd.)	
会社所在地	中国広東省広州市黄埔横沙
代表者	総経理　門脇轟二
設立	1998年7月
資本金	1億3,994万米ドル
出資比率	本田技研工業株式会社　50% 広州汽車集団公司　50%
従業員	2,300名
生産開始	1999年3月
生産車種	アコード　2.0ℓ、2.3ℓ、3.0ℓ、オデッセイ
生産能力	年産7万台(アコード、オデッセイ)

アコード用エンジン製造販売:東風本田発動機有限公司
4輪車用部品加工／組み立て:東風本田汽車零部有限公司
2輪車製造販売:五羊ー本田摩托(広州)有限公司　天津本田摩托有限公司
嘉陵ー本田発動機有限公司　新大洲本田摩托有限公司

小さく生んで大きく育てる中国ビジネス

飛躍する広州経済とホンダ中国ビジネス

広東省広州市*黄埔横沙。

首都・北京や商都・上海と並ぶ国際空港である広州白雲空港ターミナルを出て、タクシーに乗り込み二〇分ほど走ると、工業団地の一角に、年間五万台の中国アコードを生産する広州本田汽車有限公司と東風本田発動機有限公司が姿を現す。広州本田の敷地面積は三二万一〇〇〇平方メートル、東風本田が八万二八〇〇平方メートルという広大な空間に二七五五名の従業員が勤務し、プレスから溶接、塗装、車体組み立て、完成車検査までを包含する「一貫生産システム」が一九九九年から稼働して、三年の月日を数えようとしている。

中国におけるホンダの四輪車戦略、いわゆるアコード戦略は、徹底した「高級車ブランド戦略」によって推進されてきた。

過剰生産を排し、乱売を制する。

＊広州市は、一四ある経済開発区のうちの一都市。

WTO加盟により、二十一世紀のグローバル経済の主役に躍り出ると期待される中国は、右肩上がりの直線を描きながら、年平均七～八パーセントの高成長を遂げてきた。なかでも華南経済圏の中心である広州は、目覚ましい経済発展を実現し、逞しい「消費経済圏」を形成している。

広州市の一般家庭を対象に実施された調査によると、二〇〇〇年における広州市民の年間平均可処分所得は約一万三九六七元*（対前年比一六・二パーセント増、日本円換算で約二〇万九五〇五円）に達し、月平均で約一一六四元（同・約一万七四六〇円）となった。広州は上海の約一万一七一八元という平均可処分所得を追い抜いて、中国で最も高い所得水準を誇っている。

収入の伸びに比例するかのように広州市民の平均支出額も急伸している。二〇〇〇年の平均支出額は約一万一三四九元（日本円換算で約一七万二三五円）、月平均で約九四六元（同・約一万四一九〇円）に達し、前年対比で一六・四パーセントという大幅増を記録した。

広州市民の「豊かさ」を実感させるもう一つのデータを示そう。パソコンの個人所有をベースにした「情報化」に、広州の現実が表れている。

広州市民の情報化は、すでに中国全土でトップの水準にあり、一〇〇世帯当たりの

＊一人民元は、約一五円（二〇〇二年一月末現在）。

パソコン所有率は五四・二台に達している。八九万人からのインターネットユーザーを抱えるまでに成長した広州市では、市当局が市民のネット活用を強力にバックアップしてきた。

二〇〇一年五月一四日、広州国際科学貿易センターで開催された「第一回全国科学技術キャンペーン週間」では「電子政府」、「ブロードバンド新幹線」、「デジタル生活と製品設備」というブロードバンド・デジタル生活の啓蒙《けいもう》キャンペーンが大々的に展開され、市民の好奇心を喚起した。

広州の対岸に位置する香港が、世界中のモノが集積する「世界のショーウインドー」ならば、夥《おびただ》しい香港資本が生産拠点を構える広州は、まさしく「世界の工場」として経済のインフラを整備し、そして今、「世界の市場」へと飛躍しようとしている。

こうした「広州の奇跡」は、いつしか世界中の資本を引き寄せる「磁力」を帯びるようになった。

香港系やアメリカ系と伍《ご》して広州へのビジネス進出に熱心なのが、製造業を中心にした日系企業である。二〇〇一年八月までの日系企業の輸出入額は八億二〇〇〇万ドルに及び、対前年比で四〇パーセントを超える過熱状況にあり、WTO加盟を経て進出ラッシュは、さらに加速しそうな勢いだ。

話を戻そう。

高級車のブランド構築に邁進する広州本田の経営戦略も、当然ながら、「広州の奇跡」と踵《きびす》を接しながら推進されてきた。

現在、広州本田で生産されている中国アコードの販売価格は、中国人ビジネスマンの平均年収の「約三二年分」に相当する高価格である。

その意味で中国アコードは、日本アコードでもなく、米国アコードでもなく、「唯一絶対のアコード」にほかならない。

しかもアコード神話の語り部はさらに冗舌となり、新たなページが叙述されていく。唯一絶対の高級車が*、二〇〇一年一〇月時点で生産計画の一・七倍を超える受注を抱え、数カ月の「納車待ち状態」にある。年収の三二年分を積み上げなければ手に入らない高級車を「買うに買えない状況」が、中国の一都市で起こっている。

この現実を、どう理解すればよいのか。

少しでもクルマの生産に携わったことのある人であれば了解できるが、広州本田が擁する年間五万台規模の生産体制は、量産車の生産体制として、極めて小規模な生産キャパといえる。

では、どうして広州本田は生産体制を増強して、需要が沸騰する市場にアコードを

＊中国市場の二〇〇一年高級車販売台数（一台二五万元以上、日本円換算で約四〇〇万円以上）は、対前年比六四％増の一七万七五〇〇台を記録。自動車全体の対前年比一六％増という実績を大きく上回った。

アコード国産化セレモニーと門脇轟二総経理

大量供給しないのか。

その解が「造り過ぎず、売り過ぎず」という、中国アコードの高級車ブランド戦略にある。

広州本田ではすでに年産五万台の生産体制が整備されており、さらに二〇〇二年からは日本で大ヒットしているミニバンの「オデッセイ」も追加されて七万台体制に拡大し、翌二〇〇三年には中国の「国民車政策」を狙い撃ちするスモールカー（日本で大人気のフィットがベースになる予定）投入で一二万台の生産体制が整う予定だが、広州本田はあえて拙速な量産化を選択しなかった。

なぜか。

それは、供給を制限すること、コントロールすることで、「高級車の価値」を維持し、高めようというブランド戦略を選択したからである。市場における商品の供給が過剰になればなるほど流通は混乱し、価格が下落して、ブランド価値は崩壊に突き進む。

広州本田の指揮官である総経理の門脇轟二は市場を冷静に読み切って、ビジネス推進のアクセルを力強く踏み込んだ。

「中国はたしかに一三億人の民を有する大国ですが、クルマのユーザーとして顔が見える人たちは、マックスで一〇〇万人。広州本田はその一〇〇万人のお客さまに向けて最高品質の商品を生産し、最上のサービスをご提供する」

一三億人の国民を分母に持つ一〇〇万人のエスタブリッシュメントをターゲットに展開される広州本田の中国ビジネス。

その未知の巨大市場でホンダは、どうして高級車市場の「シェア二〇パーセント」を獲得できたのか。

ホンダの中国ビジネスがたどった足跡を徹底追求しながら、中国ビジネスの成功方程式を検証していきたい。

中国で生産拠点を稼働させる

一九九九年三月二六日。

この日、中国アコードの完成車生産を担当する広州本田汽車有限公司とエンジンの製造販売会社である東風本田発動機有限公司は、アコードのラインオフ第一号車を祝う式典を挙行した。式典には本田技研工業会長の宗国旨英、社長の吉野浩行、専務(アジア大洋州地域統括)の鈴木克郎という首脳が顔を揃え、合弁相手の広州汽車集団公司を代表して董事長の張房有や東風汽車公司総経理の馬躍が出席した。

さらに、日中の政府関係者も数多く会場に足を運んだ。中国側からは中央政治局員の李長春ほか、広東省や広州市の高官が来賓として招かれ、日本大使館からも杉本信行公使が祝意を表した。

式典を前にして宗国、吉野、鈴木の三首脳は、三者三様のスケジュール調整で広州入りした。ホンダでは原則として、経営首脳同士が同じ移動手段で動くことはない。企業経営の危機管理として、とくに航空機の移動には注意を払い、会長や社長というトップマネジメントが、同じ機内に乗り合わせるスケジュールは組まれない。

その昔、本田宗一郎と藤沢武夫が飛行機に同乗し、一緒にヨーロッパ出張に出かけた際、当時三菱銀行の副頭取だった川原福三が旅先にまで電話をかけて、危機管理の不手際を忠告して以来、「首脳同士の出張は原則禁止となった」と伝えられている。

高温多湿の亜熱帯性気候に属する広州は年間の平均気温が二二度に達し、年間降水量も約一五〇〇ミリと多い。広州の三月の平均気温は約一九度で、四月に入ると二三度を超えてときには蒸し暑くなる。

とくに広州本田が拠点を構える黄埔横沙周辺では、風とともにパウダー状の砂が吹き上げるので、綺麗《きれい》に清掃した床であっても、翌日には砂ぼこりに覆われてしまう。

英語圏への事業進出とは勝手が違い、同じ漢字文化の国といっても、日本企業にとって中国語は活用も理解も難しい。通常、日本人スタッフと中国人スタッフのコミュニケーションは通訳を通じて行われているが、どんなに流暢《りゅうちょう》な通訳を介しても、言葉の壁は意志の疎通を阻害した。

また、異国におけるビジネス・オペレーションの困難も少なくなかった。日本には日本独自の習慣や文化、企業環境が存在するように、中国にも中国独自の習慣、文化や企業環境が根付いている。

そうした「異文化の壁」にもう一枚、「社会体制の相違」という壁が重なると、ルーティンのちょっとした仕事さえ、容易に歯車が回転しなくなった。

社会主義体制で、長らく計画経済の枠組みに組み込まれてきた中国では、企業は国営（現在は国有と呼ばれる）であり、仕事は与えられるものであり、固定工制という終身雇用システムが守られ、失業は存在しなかった。言うまでもなく、企業同士の品質やコストに関する激烈な競争も存在しなかった。

企業活動や個人生活のすべては、「公有制」という原理原則の中で営まれ、「私有制」が機能する余地は存在しなかったのである。

中国は省、県、市、郷といった行政区分に分かれて共産党一党支配の下で統治されているが、そうした行政機関は複雑に企業とかかわりを持ち、人脈を構築して、影響を与えている。日本の企業社会にも、およそ異国の訪問者が理解に苦しむような学閥や人脈、地縁血縁、コネといった人間関係が存在するように、中国には中国的な人間関係や企業社会が厳然と存在する。

四輪車の現地生産の立ち上げは一般的に、次の三つのステップを踏みながら進められていく。

第一ステップはＳＫＤ（セミ・ノックダウン）と呼ばれる生産方法で、完成車から主要部品を外した状態で現地に運び込み、再び組み立てるやり方である。例えは乱暴かもしれないが、組み立て終わったプラモデルをばらした後、もう一度組み立て直す作業を想像すれば、ＳＫＤが頭に浮かぶかもしれない。

次なるステップは、ＦＣＫＤ（フルサプライ・ノックダウン）と呼ばれる方法で、日本などから部品を持ち込んで完成車を造るやり方である。

そして最終ステップとなるのが、いわゆるＣＫＤ（ノックダウン）生産で、現地調達部品をできる限り組み込みながら、完成車を生産していく方法となる。

三段階のステップのうち、三月二六日のラインオフ第一号車は、ＦＣＫＤによって組み立てられた。まだまだホンダ車の生産システムに不慣れな中国人スタッフに、ボディの組み立て作業だけをトレーニングしながら輸入部品を使って、完成車を作り上

多数の中国メーカーが参加したアコード部品展示会

げていった。

いうなれば、「手作りの第一号車」である。

こうして、完成したラインオフ第一号車の白い車体は、来賓として迎えた一人ひとりがサインを記して、事業の成功を祈念した。

セレモニーでは広州市内のホテル会場を使って、部品供給を予定している約六〇社の部品メーカーが集まる「お取引先メーカー大会」や「販売店大会」も盛大に開催された。

では、広州本田の四輪生産事業はどのような経緯で、スタートラインにたどり着いたのか。

続いて未知の事業を構築したプロセスを詳細に追いかけながら、成功の秘訣を繙いていこう。

C4プロジェクトの始動

C4プロジェクト。

一九九八年三月、海外事業の新たなプロジェクトが、静かに始動した。プロジェクト名の「C」はCHINAの略で、「4」は四輪を意味していた。プロジェクトに与えられたミッションは、中国における「アコードの現地生産を立ち上げること」だった。

プロジェクトは、埼玉製作所の狭山工場内に拠点を構えた。狭山工場では、ホンダの基幹車種であるアコードやオデッセイが生産されている。

ホンダが中国で現地生産する車種は米国アコードと同じ、左ハンドルのアコードだった。アメリカ向けアコードを生産する狭山工場は、その意味でも中国アコード生産の「マザー工場」になる。

プレス、溶接、塗装、組み立て、完成車検査に至る一貫生産ラインが流れる狭山の広大な敷地の一角には、大きなグラウンドが整備されている。そのグラウンドに隣接するパーツセンター手前の建屋に、五〇～六〇人（当時）のメンバーが集うプロジェクトルームが設置された。

プロジェクトはプレス、溶接、塗装、といった生産技術に習熟した技術屋集団だった。一九九八年三月という時期は、ホンダが中国で四輪現地生産の合弁会社を立ち上げる約四カ月前に相当する。平均年齢が四〇歳を超えた主任クラスの中堅たちが、担当する専門ごとにグループを作りながら、「ゼロからの生産準備」に臨んでいた。

ちょうどそのころだった。

青山本社一一階にある海外生産部に籍を置くブロックリーダーの小山隆（当時、現アジア大洋州本部C4―Ⅱプロジェクト海外生産主幹）は、C4プロジェクトに参画する人事異動の内示を受けた。

海外生産業務の経験が長い小山は、アジアビジネスの推進役として韓国、台湾、マレーシア、フィリピン、インドネシアにおける事業の展開計画を練り、現地とのネゴシエーションを行ってきた。中国の四輪プロジェクトが立ち上がる二年前には韓国に「レジェンド」を上陸させ、アセアン各国に一三〇〇シーシーの「シビック」を投入して、アジア展開を推し進めてきた。

小山がC4プロジェクトの草創期を述懐する。

「私がプロジェクトに参画したときは、すでに四〇～五〇人の技術屋さんが広州での生産準備に動いていました。すぐに現地に飛んでホンダが使う工場を視察し、生産設備の手配や改良に着手したんです。中国の社員とのコミュニケーションは、ホンダフィロソフィーを理解してもらうことから始めていきました。ホンダというのはどういう歴史を持っていて、どのようなフィロソフィーを掲げる会社なのか。四輪生産という仕事に入る前に、まずホンダという会社をよく知ってもらいました」

《仕事を覚えてもらう前に、まず会社のフィロソフィーを理解してもらう》

ホンダが中国ビジネスにおいて、まず着手したマネジメントの原点は、極めて重要な示唆を含んでいる。

対外進出した多くの日本企業は、ともすれば生産の合理性ばかりを追求し、経営を数字で考える傾向が強く出る。その拙速な経営手法の裏には、「中国のスタッフに日本の企業文化を理解できるはずがない」といった傲慢《ごうまん》ともいえる諦観がある。

しかし、ホンダウエイは違った。

中国人の従業員を雇用するという発想と自社の企業理念や経営フィロソフィーを理解してもらうことが、同義になっている。

こうしたホンダ流のマネジメントは、中国ビジネスに進出する日本企業の「現地化の在り方」を教えてくれている。

現地化というのは、無定見に現地の事情に迎合することではなく、ましてや一方的に経営手法や自社の都合を押し付けるものではなく、両国の価値観がコラボレイトすることにほかならない。対中進出企業の中には、誤った現地化政策を推進した結果、「現地の事情に振り回されてしまって、ビジネスの意思決定もままならないし、従業員は少しも事業改善に協力してくれない」と悲嘆にくれることが少なくない。

そうした現地化失敗企業の経営者に限って、「当社は中国に溶け込もうとして懸命な努力をしている。すべて中国のやり方に合わせてきた」と言い切る。

よくよく、そうした経営者の話を聞いてみると、ただ単に現地の事情に迎合しているだけで、少しも「中国」そのものを理解しようとしていないし、自社が抱く企業理念さえきちんと伝えて理解してもらっていないにもかかわらず、社歌だけは強制的に歌わせるといった「同質化」をしっかり実施していたりする。

この強制的な同質化経営と対極に存在するのが、ホンダ流マネジメントである。ホンダが大切にするフィロソフィーを理解してもらい、「なぜ、自分たちは真っ白なユニフォームを着るのか」といった実務レベルのホンダウエイを正確に伝えて、価値観を一つひとつ共有していく。

ユニフォームに関して触れておくと、ホンダは本田宗一郎の時代から、国内外を問わず真っ白なユニフォームを着用している。一般的に工場のユニフォームは、汚れが目立たないグレーなどの色を採用する企業が多いが、ホンダウエイは逆に「汚れが目立つ」から真っ白なユニフォームを着る。

「汚れても分からないまま着用し続けることはホンダの人間尊重の精神に反するし、ユニフォームの汚れ方で作業の問題点も分かる」からだ。

ホンダの中国ビジネスも、「ホンダの精神」を伝えることから始まっていった。

さて、中国ビジネス開拓指令を受けたC４プロジェクトには、ベテラン技術者が世界各国から集結した。イギリス工場に勤務していた品質担当の技術者は、ある日突然電話を受け取って、中国赴任を告げられた。

また、鋳造技術一筋に二〇年間腕を磨いてきたベテランや一時代前に手塗りの塗装技術を磨いた匠たちも、続々と中国入りしていった。

広州本田汽車有限公司総経理の門脇轟二が話す。

「中国でホンダが四輪車の完成車生産を実現できた核には、手作りの生産技術を持ったベテラン技術者がいます。ゼロからスタートした工場を稼働させてくれたのは、モノ作りの原点を知っているベテラン技術者でした」

こうした手作りの自動車生産技術を身に付けた匠たちが、未知の大地における生産準備に立ち向かっていったのである。

小さく生んで大きく育てる

アコード生産の拠点は、二年前までフランスのプジョー・シトロエンが、年間三万台規模で乗用車を生産していた工場なので、当時の生産設備がそのままの形で残存していた。中国ビジネスの展開に躓いたプジョーが撤退の決断を下して、生産活動を休眠させたまま、工場はタイムカプセルの中で眠り続けていた。

中央政府および広東省は止まってしまった生産設備と、雇用だけが継続されている一六五〇人の従業員をなんとか活用する方向で検討を重ね、オペルなど複数の外資系メーカーと交渉を繰り返しながら、ホンダに秋波を送ってきた。

「年間三万台規模で、アコードを生産してもらえませんか」

一九九六年一二月、広州汽車集団公司からアコード生産の打診を受けたホンダは、「四輪進出のチャンス」と確信して、四輪完成車生産の設計図を描いていった。

ホンダが海外で生産事業投資を展開する際に、守られてきた鉄則がある。

〈小さく生んで大きく育てる〉

ホンダの生産事業投資の基本戦略は、「小さな一歩」から推進されていく。小さな一歩の象徴は、ホンダが世界を征した二輪事業である。

一九五九年七月、ホンダはロス郊外にアメリカ・ホンダを設立して、対米ビジネスの第一歩を踏み出した。広大なアメリカ市場を攻略する主力商品は、わずか五〇シーシーのスーパーカブだった。

「すばらしき人ホンダに乗る」

ホンダは広告コピー史に残るこの名コピーを打ち出して、『タイム』や『ライフ』

●本田技研工業の中国ビジネス展開（本田技研工業資料より）
一九八一年
嘉陵機械廠（現嘉陵工業）とCJ50技術提携調印
一九八二年
北京事務所設立
一九八四年
上海－易初摩托車有限公司とCGシリーズおよびHシリーズ技術提携調印
一九八八年
広州摩托車公司とGL25技術提携契約調印
一九九二年
洛陽北方易初摩托車有限公司とC100技術提携調印
五羊－本田摩托（広州）有限公司設立
一九九三年
天津本田摩托有限公司設立
嘉陵－本田発動機有限公司設立
本田技研工業（中国）有限公司設立
一九九四年
広州事務所設立
上海事務所設立
閩東－本田発電機組有限責任公司設立
東風本田汽車零部件有限公司設立
一九九八年
広州本田汽車有限公司設立
東風本田発動機有限公司設立
二〇〇〇年
新大洲本田摩托有限公司設立

といった一流誌にキャンペーンを展開。五〇〇万ドルという巨額の広告宣伝費を投じて、大型二輪が中心だったアメリカの二輪市場に旋風を巻き起こした。

さらに一九六三年五月、ヨーロッパ進出の端緒を開く生産事業投資においても、ホンダは小型二輪の生産拠点をベルギーに稼働させた。ここでもホンダビジネスの先兵を務めたのは、「小さく生む二輪事業」だった。

そして時代は下り、中国への生産事業投資に着手する際も、ホンダは「二輪」を市場に送り込んだ。

一九八二年、中国嘉陵工業股份有限公司との間に二輪生産の技術提携契約を結び、その後、上海―易初摩托車有限公司、広州摩托車公司という中国企業との技術提携を強化していった。

技術提携という「助走期間」を走り抜けたホンダは、九〇年代に入って一気にアクセルを踏み込んでいく。

一九九二年八月、五羊―本田摩托（広州）有限公司という二輪生産の合弁会社を設立し、同年一二月には天津市に天津本田摩托有限公司を立ち上げて、翌九三年一月には嘉陵―本田発動機有限公司を重慶市に設立。三社の合弁メーカーを軸にして、本格的な二輪生産を展開していった。

そうしたホンダと中国との二輪事業を通じた信頼関係や広州市との結びつきが、「撤退工場を引き受けてほしい」というオファーに通じていったことは、想像に難くない。

生産コストは極限まで合理化する

ところが、一度眠りについた工場の覚醒は決して容易ではなかった。プジョーが遺した「負の遺産」を引き受けて、「休眠工場」を再利用する形で中国の四輪生産に進出したホンダだったが、フランスの自動車メーカーが「実際に生産を稼働させていた工場をもう一度、動かすだけ」という楽観的な見通しは、現地の状況を把握するにしたがって崩れ落ちていった。

ホンダとプジョーでは、ほとんどの生産システムにおいて、互換性がなかったのである。

ボディを溶接するスポット溶接工程を一つとっても、残存する溶接機ではホンダ車が造れなかった。ホンダが使用する鉄板は「亜鉛引き鉄板」と呼ばれ、鉄板の錆び止めとして表面に亜鉛がメッキしてあるが、プジョーの溶接機では、亜鉛引き鉄板の溶接が不可能だった。鉄板の溶け具合が弱すぎて、完璧な溶接ができないのである。

クルマの本体（ボディ）には多種多様の部品が装着されているが、そうした部品溶接の治具なども、アコード生産用にすべて変えなくてはならなかった。

溶接工程で残存設備を利用できたのはコンベアーとリフトといった「汎用設備」だけという有り様だった。

ほぼ一〇〇パーセントの設備変更を余儀なくされた溶接工程に続いてプレス加工の金型も、日本で作った設備を輸出して、調達しなければならなかった。

生産設備の対応は、次の三点に大別された。

(1) 日本で調達した設備を輸出して設置する

(2) 残存設備を改善・改良して再使用する

(3) 設備を現地調達する

まったく継続使用が不可能な溶接などの設備は、日本で調達した設備を中国に輸出して、再配置することになった。

経緯をたどれば、狭山工場はもともとアメリカ向けアコード生産のマザー工場ではなかった。米国アコードの生産はあくまでもアメリカ内の生産が基本戦略だったが、販売に生産が追い付かないという非常事態が起こってしまったのである。

ホンダ首脳陣は生産計画の再構築を余儀なくされ、その結果「狭山工場における米

中国アコードのマザー工場は狭山工場

国アコード生産」が行われることになった。

その「生産の誤算」が、中国アコードの生産に大きな貢献をすることになった。狭山工場が米国アコードのマザー工場になったことで、中国アコードに関する生産設備の手配を「すべて狭山で完結できる」というメリットを享受できたからである。

副総経理として中国アコードの生産に取り組んだ小山隆が言う。

「アメリカでアコードを生産する際に、狭山から日本で造り込んだ生産設備を輸出したり、日本で設計した設備図面をアメリカに持ち込んだ経験があったので、中国アコードの生産設備はアメリカ向けをそのまま転用できる利点があったのです」

一方、大半を新設することになったプレス機では、一部の大型機械だけは自社改良して再利用することが決定した。

使える機械を「自分たちで改良して使い切る」ためには、ただ単純に機械を使いこなせるだけの「技能者」では太刀打ちできなかった。機械を使いこなす技能はもちろんのこと、最悪状態の機械を量産使用に使える状態に改善、改良する技を保有し、機械と格闘する精神力の持ち主でなければ、他メーカーが使っていた生産設備を蘇らすことはできなかった。

現在、クルマの生産システムは高度に自動化されて機械化と省人化が進んでいるが、そうした生産の近代化は一方で機械と格闘する技能や技術を喪失させていった。ボタンを押せばコンピュータがロボットを動かして自動的にクルマを生産する現実は、自動車メーカーに「技術屋はいつしかオペレーターに堕してしまったのではないか」という危機感を募らせるようになった。

中国に放置された撤退工場の残存設備に再び息を吹き込んだのは、五〇代も半ばに差しかかった職人芸を腕に刻んだ技術屋だった。クルマの生産が高度に自動化される以前、まだまだ匠の技が生産に求められていた時代に、毎日鉄板や部品と格闘した「技」が、深い眠りについていた工場を覚醒させたのである。

溶接、プレス加工に加えて塗装工程は、日本から設備を輸出する投資コストをぎりぎりに押さえて、中国での現地調達が決断されていった。近年、日本の塗装メーカーも積極的に中国へ進出する企業が相次ぎ、日中合弁の塗装メーカーが少なからず稼働していた現実に着眼し、北京、上海、香港等の合弁メーカーから設備を低コストで調達する方法を選択した。

ここで、ホンダの中国における生産事業投資を総括してみたい。

《事業投資は徹底的に合理的な判断を下すこと》

ホンダの中国における四輪車生産から得られる教訓は、「投資コストの徹底的な合理化」に尽きる。中国がＷＴＯ加盟によってグローバル経済の中心に躍り出ることは間違いないが、そうしたマクロの経済分析と現実の事業収支には、大きなギャップが存在する。

今、中国ビジネスにおいて極めて重要なキーワードを示せば、「成長性と未知数」に代表されるだろう。中国は世界市場に飛躍する限りない成長性を秘めていると同時に、予測不可能な未知数で満たされている。そうした中国が内包する「大いなる二面性」に着眼するとき、事業進出に資本投下する企業の基本的スタンスは自動的に決まっていかざるを得ない。

事業投資は、経営の目線が及ぶ（収支判断が読める）限界点をつねに見失わず、確実にリターンが期待できる範囲で、「合理的かつ柔軟」に配分する。

そうした中国ビジネスの事業投資鉄則を、ホンダのケーススタディーから掴んでもらいたい。

走る実験室で現場マーケティングを徹底

走る実験室としてのタクシー・アコード

続いて、ホンダが取り組んできたマーケティング戦略を分析していこう。

一九九二年、ホンダはフラッグシップ・カーであるアコードの対中輸出を開始した。このとき輸出されたのは、日本で製造された途上国仕様のアコードだった。日本で販売されているアコードよりも車高がやや高く改良されるなど、地域によって道路事情や使用環境が異なる中国での走行を想定して、足回りその他が強化された。凍結防止で道路に塩をまく冬場対策としては、気候および道路環境が酷似している北米を走るアコードの仕様が取り入れられて、ガソリンやオイル関連部品、ホーンに至る「多種多様の現地化」が施された中国バージョンである。

換言すれば、この時点で米国アコードと中国アコードの接点が生まれたといえるだろう。

そもそも、アコードと中国とのかかわりをたどると、「一九七九年」というエポッ

「中国製」の品質が問われた新車試乗会

クが浮かび上がってくる。

一九八〇年、中国沿岸部経済圏の重要拠点である広州市では、タクシー仕様のホンダ製アコードが軽やかに市街を走り回っていた。

「中国で合弁事業を行う香港企業から、アコードをタクシーとして使いたいという申し出があったのです。ホンダとしてはさまざまな観点から検討した結果、〝一〇〇台限定〟という条件付きで、タクシー仕様のアコードを商品化することになりました。当時、中国のタクシーは大半がソ連、東欧圏のクルマで、六〇年代にはすでにクラウンやプリンス、七〇年代に入るとコロナといった日本車が、タクシーとして中国の街角を走っていました」（アジア大洋州本部中国業務室四輪ブロック、山口安彦主幹）

ゆえにタクシービジネスへの参入企業としてホンダは後発企業にほかならなかったが、ホンダがアコードのタクシー仕様車を広州で走らせる決断を下した理由は、タクシービジネスの戦略とは明らかに違っていた。もし、ホンダが本気でタクシービジネスにコミットする意志があったとしたら、何も一〇〇台限定という条件設定にこだわる必要はなかったからである。

ならば、ホンダは一〇〇台限定の「タクシー・アコード」を、どのように位置付けていたのか。

その解にこそ、ホンダの中国四輪事業参入への伏線があった。

ホンダにとって、中国の人々を乗せて毎日毎日広州市街を走り回るタクシー仕様のアコードは、中国のクルマ事情を知る「走る実験室」にほかならなかった。

言うまでもなく、タクシーは走行距離やアクセル、ブレーキ、サスペンションといったさまざまな構成部品に対して、一般車よりもはるかにハードな負荷を懸けながら走行しなければならない。しかも国が違えば道路事情も変化し、交通ルールや運転慣習も当然違ってくる。

中国ではいったいどのようなクルマが求められているのか。

異なる走行条件下を日々走り回るタクシー・アコードからは、次々に膨大な走行実験結果がもたらされていった。

中国で走るための必要十分な走行性能とは何なのか。中国で求められるクルマの耐久性能とは何なのか。日中のカーデザインは、どこがどのように違っているのか……。

ホンダは、走る実験室から浮かび上がってきた中国におけるクルマの技術的な問題点を次々と研究開発課題に昇華させながら、「中国仕様車のコンセプト」を構築していった。

研究対象は、もちろんクルマ開発のハードに限定されていたわけではない。中国の人々のクルマに対する多様な要求の中身も、詳細に分析されていった。

クルマの所有者、あるいは利用者の属性、クルマに対する基本的な認識、利用方法、利用頻度はもちろん、中国の人々はどのようなときにどのようにクルマを使うのかといったマーケティング的な分析も、詳細に行われていった。

走る実験室から実験結果が届くと、日本の研究所や本社の海外サービス部隊から、広州へスタッフが派遣された。現地で掴んだナマの技術&マーケティングデータを貪欲に収集し、日本に持ち帰っては議論を積み重ねながら、中国マーケットにおける「最適カーの研究」が蓄積されていった。

その結果浮かび上がってきた中国人の基本的なクルマ利用の実態は、このようになる。

(1) 長距離利用が多い。走行距離が長い
(2) 乗車人数が多い
(3) 荷物を詰め込む頻度が多く、積載重量が大きい
(4) 悪路対策が必要
(5) 車体の錆対策が必要

一言でまとめると、中国では「ワイドで頑丈なクルマ」が求められているということ

とになる。

中国仕様のアコードはいかにあるべきなのか。赤い大地を疾走する戦略カー構想の骨格が、徐々に姿を現していった。

産業政策と中国ビジネス

中国仕様のアコードの輸出で対中四輪事業を本格始動させたホンダは、次なるステップとして、自動車部品の製造に着手した。

一九九四年一二月、ホンダは広州市近隣の恵州市に、合弁企業の東風本田汽車零部件有限公司を設立。東風本田で生産された足回り部品とCITY向けエンジン部品は、すべてタイや日本に輸出されるという条件で、自動車部品製造の合弁事業が始まった。

九四年は、中国の自動車政策に大きな動きがあった年でもある。新たに策定した「自動車工業産業政策」において中国政府は、二〇〇〇年の自動車マーケットを年間三〇〇万台に膨れ上がると予想した。

旺盛な自動車需要を吸収するために、二〇〇〇年までに自動車メーカーを二～三の大企業グループと六～七の中小企業グループに集約するという基本政策*を示したのである。

＊中国政府は自動車市場を「三大」企業集団（上海、東風、第一）、「三小」乗用車メーカー（北京、広州、天津）と軽自動車メーカーの「二微」に集約する「三大、三小、二微政策」を打ち出した。

自動車生産の基軸を乗用車生産に置くことを明確化し、次のような外資導入政策を明示した。

〈外資の参入条件〉

(1) 独自の特許権、商標権を持つこと

(2) 製品の開発、製造技術があること

(3) 独立した国際販売網を持つこと

(4) 十分な資金力があること

同時に、合弁企業設立の条件も示された。

〈合弁企業設立の条件〉

(1) 内部にR&D(研究開発)組織を有すること

(2) 九〇年代以降のモデルの製品を生産すること

(3) 生産する製品の輸出により、外貨バランスを解決すること

(4) 部品選択は国産部品を優先すること

この自動車産業政策の策定が、ホンダの部品製造合弁企業設立に影響を与えたことは言を待たない。

事実、新たなビジネスの勃興を予感させるほど、九〇年代に入って中国の自動車

●中国の年間自動車生産台数

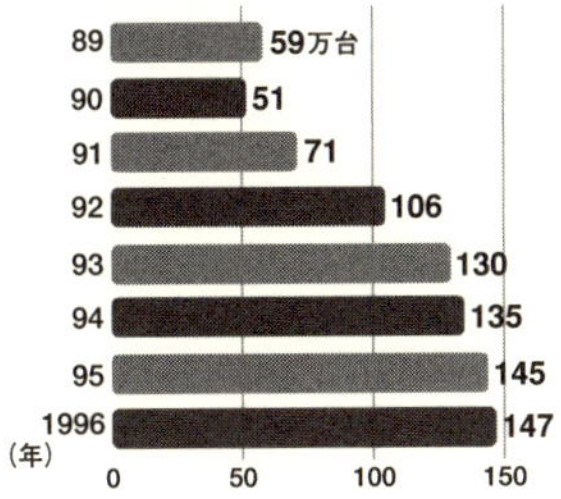

マーケットは急成長していた。

一九九二年、自動車生産はついに一〇〇万台を突破し、年率三〇パーセント増の勢いに押されて、一気に一三〇万台生産へと駆け登っていった。

しかし……。

急激に過熱した経済状況を懸念した中国政府は、いわゆる「ソフトランディング」を目指した経済の引き締め政策を誘導。その結果、力強く右肩上がりの直線を描いてきた自動車生産に急ブレーキがかかってしまう。

九四年の自動車生産は一三五万台に止まり、九五年が一四五万台、九六年は一四七万台とほぼ横ばいで推移し、アドバルーンを上げたばかりの「二〇〇〇年三〇〇万台達成」は、瞬く間に夢物語と化してしまった。

自動車エンジン生産への思わぬ蹉跌

マーケットの急変は、自動車産業政策遂行の変更も迫った。需要の冷え込みと供給の拡大といったアンバランスを回避するため、中国政府は自動車製造認可の見直し作業に入ったのである。

ここでストップをかけられたのが、部品製造を立ち上げたばかりのホンダだった。

次なる段階としてエンジン生産を志向したが、対外経済貿易合作部を窓口とする事業認可が下りないという不測の事態に遭遇する。

一方、この時期は日本からの完成車輸出も壁にぶつかっていた。一九九二年にスタートした中国仕様のアコード輸出は年二万〜三万台のペースで推移していたが、為替変動による極端な円高で輸出採算性は悪化。アコードの対中輸出は価格競争力を失っていった。

九三年六月、ニューヨークの外為マーケットは一ドル九九円八五銭を記録。初めて一〇〇円を突破した円高はその後も高騰を続け、七月には九六円六〇銭という戦後最高値を塗り替えて、輸出産業に大きなダメージを与えた。

ホンダの対中四輪事業は、輸出の停滞と現地生産の頓挫という危機に直面することになった。

現場にいち早く乗り込むホンダ流マーケティング

ところが、四輪事業の設計図を書き直しかけたホンダに、思わぬチャンスが転がり込んできた。中国市場に先行進出していたプジョーが、対中自動車事業からの撤退を決めたのである。当時、プジョーグループは神龍汽車有限公司と広州汽車有限公司といった二つの合弁企業を運営していたが、そのうちの広州汽車を手放すという大ニュースが飛び込んできた。

ヨーロッパの有力自動車メーカーの事業撤退は、合弁事業を後押ししてきた広州市政に深刻な打撃を与えるばかりでなく、国家戦略としての自動車産業政策に悪影響を与えかねない。

事態を重く受け止めた広州市政府首脳は広東省や中央政府とともに、すぐさま事業の建て直し計画を探りだした。

そこで浮上してきたのが、四輪の事業進出に意欲を見せていたホンダとの事業化方針だった。ホンダと広州市は、一九七九年にタクシー・アコードを走らせてからの関係があり、八〇年代から九〇年代にかけて二輪産業をリードしてきた貢献も、ホンダにとってはプラス材料となった。

「広州汽車集団公司とホンダが新たに合弁企業を設立してプジョーが進めていた四輪事業を引き継ぐ」

こうして九八年七月、ホンダの四輪工場として世界一四カ国目となる中国に、広州本田汽車有限公司と東風本田発動機有限公司という二社の合弁企業が設立されたのである。

ここでホンダが中国で実践したマーケティング戦略のポイントをまとめてみよう。

《市場の声こそが製品開発&マーケティングの原点》

中国ビジネスにおけるホンダの開発&マーケティングは、タクシー・アコードに象徴される「言行一致の市場主義」にある。市場のニーズを把握する手段として、市場調査は最もポピュラーなリサーチ手段だが、ホンダが選択したタクシービジネスは、まさに徹底した「正攻法のテストマーケティング」だった。

個人ユースよりも過酷な耐久度が要求される営業車を走らせて、そのデータを克明に分析する「走る実験室」の手法は、ホンダが最も重要視する開発&マーケティング手法である。かつて、F1レースからフィードバックされるクルマ開発を称して「走る実験室」と呼ばれたことがあったが、中国ビジネスにおけるアプローチもまさしく「実験」の繰り返しだった。

中国の潜在市場が未知であればあるほど、企業は過去の成功体験に寄りかかることなく「市場の声」に耳を傾けなければならない。市場の声に謙虚になることで、市場から発せられている「ニーズ」が浮かび上がってくる。

自分たちが何を作るのかではなく、市場は「何を作ってほしい」と望んでいるのか。まさに製品開発の目指すべき方向を示唆する声が、市場から聞こえてくる。

ホンダが取り組んだ現場主義のマーケティング戦略に、中国ビジネスの成功方程式が描かれている。

高付加価値サービスは中国ビジネスの真空地帯

激変する中国の自動車市場

では、ホンダの中国ビジネス分析の締めくくりとして、営業戦略を分析しておきたい。

中国における国家戦略としての自動車産業育成は、WTO加盟によって大きな影響を受けざるを得ない国有企業の「再編」と、来るべきモータリゼーションに照準を合わせた「国民車の開発」に帰結する。

今、中国では「過去一〇年間で可処分所得を四倍以上に伸長させた」といわれる沿岸部都市住民の消費動向が、注目されている。年収が二〇万元（約三〇〇万円）を超えると推測されるニューリッチ族（人口の約一パーセントを形成）を対象に中国統計局が実施したアンケートでは、五二パーセントのファミリーがマイカー所有を希望し、

「一〇万元以内ならばクルマを買いたい」という購入価格認識が示された。

現在、中国の自動車産業には一〇〇を超えるメーカーが群雄割拠しているといわれているが、外資との共存共栄を目指す有力メーカーは、ニューリッチ族の生活圏である沿岸部を中心に拠点が点在する。上海には一六〇〇シーシーから二〇〇〇シーシークラスの「サンタナ」で中国の自動車市場を開拓してきたフォルクスワーゲンが拠点を築き、上海汽車集団と合弁で年間二〇万台を超える生産実績をもつ同社は、長春でも第一汽車集団と合弁事業を稼働させて、「アウディ」などの人気車を約一一万台生産している。

同じく上海汽車集団と手を結んだGMは「ビュイック」や「セイル」などを約三万台生産。首都・北京では北京汽車集団と合弁事業を立ち上げたダイムラー・クライスラーが、「チェロキー」を市場投入しながら、ミニバン市場を掘り起こしている。

日本勢に視線を転じると、広州を拠点にアコードを生産し、高級車市場の二〇パーセントを握った本田技研工業が元気だ。広州汽車集団と合弁で広州本田汽車を経営するホンダは、現在三万台規模のアコード生産を五万台規模に引き上げると同時に、二〇〇二年からはオデッセイの現地生産も開始する予定である。

高級車市場を狙い撃ちしながら独自のブランド戦略を展開するホンダに対して、

モータリゼーション前夜の大衆車市場に切り込むのがトヨタである。天津汽車と手を組むトヨタは、日本でも人気の高い「ヴィッツ」のプラットホームをベースにした新型セダン（一三〇〇シーシークラス）を二〇〇三年から市場投入する計画を進めるなど、中国の自動車市場では、日欧米の自動車メーカーが生き残りを懸けた激しい攻防を展開している。

ホンダが選択した二つの営業基本戦略

「あなたたちは自動車メーカーの営業マンですね。でしたら、絶対にクルマを売ってはいけません」

営業マンはクルマを売るな——。

開口一番、広州本田を統括する総経理の門脇轟二は、自社の営業マンに語りかけた。思いもよらぬトップの「妄言」に意表を突かれた中国人の営業マンたちを見渡しながら門脇は、言葉をつなげた。

「メーカーの営業マンがしなければならないことは、どうやってクルマを売る環境をつくるかで、クルマ自体を売ることではない。皆さんはそこを勘違いしないでもらいたい。クルマを売るのは販売店の営業マンの仕事です」

ならば「クルマを売る環境をつくる」とは、どういうことなのか。営業マンが首をかしげた「解」の中に、ホンダの営業戦略が描かれていた。

一九九二年に狭山製作所で製造されたアコードの対中輸出を開始したホンダは、翌九三年より中国の気候や道路状況に適合した北米仕様のアコードを再投入して、未知の市場に橋頭堡を築いていった。

「中国で自動車ビジネスを展開するときに、いったいどのような購買層を対象にすればよいのか。たしかに中国には一三億人の国民がいますが、クルマのユーザーとして顔が見える人たちは、マックスで一〇〇万人なんですね。ならば、そうした人たちに受け入れてもらえるクルマを供給していこうというのが広州本田の基本戦略になった」(門脇総経理)

門脇が「マックスで一〇〇万人」と表したカーユーザーは、中国における一握りの高額所得者や政府高官などのエスタブリッシュメントを指している。

そうした選ばれた人たちに「選ばれるクルマ」とは、いったい何なのか。ホンダが断を下した結論は、二つの基本戦略で構成されていた。

(1)　最高品質のクルマを生産する

(2)　アフターサービスを充実させる

中国の政治および経済の指導者層はアメリカ留学組が少なくないが、そうしたエリート層は留学中に、アメリカ社会におけるホンダの高いプレゼンスに接する。その留学時のＨＯＮＤＡイメージを母国に持ち帰った人々は、アメリカで生産されている人気車と同一品質のクルマに親近感を抱く。

そのアメリカ──アコード──中国の三点を結びつける「最高品質のクルマを生産する」というのが、ホンダの生産戦略である。

もう一点、アフターサービスに重点を置いた営業戦略が、門脇の言い放った「クルマを売らない営業」に結びつく。

ホンダが中国でアコード生産を開始するときには、すでに二万台以上の輸入アコードが走っていたが、エスタブリッシュメントがハンドルを握る商品に優れた顧客満足を提供するには、「アフターサービスの充実」が欠かせなかった。

従来、中国の自動車産業は生産会社、販売会社*、修理会社などがすべて縦割りの国営企業で運営されており、生産から販売に至るトータルなサービス観念は希薄だった。ホンダは、そうしたサービスの空白地帯に独自の「アフターサービス作戦」を展開していった。

アフターサービスを充実させることで、アコードを所有するメリットを極大化し、

＊広州ホンダは中国全土に一一〇の販売拠点を構築した。

デラックスなアコード販売店

高級車のブランドイメージを構築するという基本戦略である。

広州にあるホンダ販売店には板金、塗装という修理設備が完備されているだけでなく、五つ星ホテルの客室に引けを取らない「顧客用個室」さえ用意されている。

この「至れり尽くせりのサービス」を受けられる最上の顧客満足が、「高級ブランド・アコード」を拡大再生産させながら、明日の市場を切り開いているのだ。

四位一体という高付加価値サービス

約三〇万元という、平均的な労働者賃金の約三一年分に相当する価格で販売されている中国アコードは、主に政府や企業の公用車などを主とする、一種のステータスカーだ。全体の約三〇パーセントは企業などの社用車として活用され、約二〇パーセントが政府機関などの公用車、約五〇パーセントが企業経営者などのパーソナル兼ビジネスユースとして使われている。

現在、アコードの中国現地生産は年産五万台(二〇〇一年より五万台に増産された)。かつて日本から輸出されたクルマも含めて、約二〇万台が広州を中心とする中国マーケットを走っている。

そうしたステータスカーにさまざまなサービスを提供し、新車を力強く市場供給する営業戦略も、着々と遂行されてきた。四輪事業の営業戦略は、次のキーワードで象徴される。

〈四位一体〉

ここで表される四位とは、第一線の販売店が自動車販売、サービス、部品販売、市場情報のフィードバックを「四点セット」で実践する販売体制を意味している。

なぜホンダの営業戦略は四位一体の旗を掲げたのか。その理由は、中国の計画経済政策とともに遂行されてきた独立経営システムの改革にある。

計画経済の下で自動車が配給されていた中国では、自動車の販売やサービス、修理などはすべて別々の国営企業が担当していた。それぞれの業務を行う企業が縦割りに独立していれば、業務の相互関連性はどうしても希薄になってしまい、サービスが分断されてしまう。

しかし本来、自動車ビジネスは自動車という商品の販売から始まる四位一体の顧客ニーズを満たすことで、高い顧客満足度(CS度)が達成されていかなければならない。

ホンダが対中四輪事業の中核に据えたサービスの総合化と高度化は、高い顧客満足を提供する正攻法の営業戦略であった。

最後に、販売ネットワークの現状にも触れておこう。

●四位一体の販売体制

一つの販売拠点ですべての
サービスが提供できる体制づくり

- 新車販売
- アフターサービス
- 部品と用品の販売および修理
- 顧客情報管理

一九九八年七月、「自動車販売業の経験を問わない」という条件で実施された販売店募集には、即座に六〇〇件を超す応募が殺到。意欲と行動力を重視する人物本意の選考を行いながら、今までに約九〇店舗の販売ネットワークが形成されている。

中国でホンダ車の販売店になるには、次に示す基本要件が備わっていなければならない。

(1) 販売店舗と駐車場＋整備工場を併設できるスペースがあるかどうか

(2) 店舗の建設資金として一億五〇〇〇万円の投資が可能か

(3) 投資回収期間の二年間という展望が描けるか

中国ホンダの販売店としてビジネスに参画するには、こうした厳しい条件をクリアしなければならない。

なかでも、日本の販売店と大きく異なる点は、アフターサービスの充実を徹底する工場併設といった営業姿勢にある。

中国社会のエスタブリッシュメントに属するアコードの顧客が販売店に立ち寄ったとき、多忙なビジネスマンをサポートするのが、店に用意されたパソコンである。

「ちょっとパソコンを使いたいんだけど……」

顧客はタイムロスを感じることなく手元のパソコンを操作し、刻々と変化する市場

四位一体サービスを実現した販売店内施設

の値動きを確認する。

そして、一時間後。

顧客が依頼した愛車は併設工場で修理および整備点検がスムーズに行われ、修理の完了と同時にエリートビジネスマンはパソコンから運転席に移動し、広州市内に消えていくといった具合である。

「店舗によっては、収益の半分近くをこうした修理等のアフターサービスで稼ぎだしている」という。

また、このような高いCS度を実現している「サービス戦略」は、「販売価格の固定化」という「もう一つの果実」をホンダビジネスに与えている。

中国アコードの顧客は、異口同音にこう話す。

「アコードを買いたいと思った最大の理由は、オーナーとクルマを大切にしてくれるサービスです」

日本同様に、中国市場においてもクルマの購買動機は多岐に分かれるが、中国アコードの場合は価格を重視した購入が、ほとんど見られない。高級車としてのステータス性を購入動機に上げるオーナーも少なくない中で、やはり最大公約数的な購買動機になっているのが、心憎いまでに徹底された「高品質なサービス」である。

極めてCS度の高いサービスで愛車の所有欲を満たされた顧客は、口々に「アコードとホンダ流サービスの素晴らしさ」を語り合い、評判が口コミで広がるごとに新たな上顧客が創造されていく。

ゆえに、サービスでライバル社との差別化を実現したホンダのアコードビジネスは、「値引き」という三文字が一切不要である。薄利多売で企業体力を消耗させる値引き戦争と無縁の「勝者のビジネス」は、つねに顧客に信頼され、つねに望む利益が確保され、プライス・リーダーという主導的地位に立つことさえできる。

サービスという中国ビジネスの真空地帯を完全攻略しながら、盤石なビジネス基盤を築いたホンダ流中国ビジネスの核心を注意深く観察してもらいたい。

中国ビジネス最大の危機を突破した二輪合弁事業戦略

ライバルメーカーとの提携──逆転のホンダ流現実主義

二〇〇一年九月、世界の二輪メーカー関係者は、ホンダの中国ビジネス展開に息をのんだ。ホンダの創業事業である二輪事業で、信じられないような合弁事業がスタートしたからだ。

ホンダは中国の二輪大手メーカー・海南大洲摩托車と合弁企業の新大洲本田摩托有限公司を設立し、中国市場における新たな二輪生産に動きだしたのである。

では、この合弁事業がどうして驚愕《きょうがく》の展開なのか。

その答えは、中国市場における「コピーバイク」の存在にある。海南大洲摩托車は、かつて中国コピーバイクの大手メーカーだった時期があるからだ。

少し例えが乱暴かもしれないが、ホンダと海南新大洲摩托車の合弁事業は、高級ブランドのルイ・ヴィトンやシャネルが、精緻なコピー商品を製造する技術を持つ企業と事業会社を設立して、共同事業を始めるといったイメージに重なる。

現実的にはおよそ想像できないような事業展開が、ホンダの中国ビジネスでは現実となった。

むろんホンダとて、氾濫するコピーバイクに対して、寛容であり続けたわけではない。

過去一貫して、コピーバイクの追放に注力してきた。

南京スクーター商標権侵害事件では、一万元の損害賠償支払い命令を勝ち取って、侵害行為の謝罪と製造停止の保証書を取り付けた。さらに上海特許権侵害事件では、上海中級人民法院にて、六万元の損害賠償と謝罪および保証書の判決を勝ち取り、重慶の「HONGA」商標権侵害事件でも、同様に六一万元の罰金を勝ち取った。*

ホンダだけではない。同じく二輪大手のヤマハも中国のコピーバイク闘争に明け暮れてきた。これまでに、なんと二三〇を超えるコピーモデル車を確認し、一三〇社のコピーバイクメーカーを突き止めている。

コピーバイクが氾濫する中国市場は、いまや世界最大の二輪市場を形成している。中国市場には、大手メーカーだけで一五〇社、中小メーカーまでカウントするとおよそ五〇〇社の二輪メーカーがひしめき合い、年間で一〇〇〇万台を超える生産台数を誇っている。

その世界最大の巨大二輪市場で、「世界のホンダ」は、なぜ中国のライバルメーカーと手を結ぶ経営戦略を選択したのか。

キーワードは生産コストだ。

合弁事業断行の最大理由は、中国メーカーとホンダの生産コストにある。

現在、中国市場においては品質的にはホンダ車とほとんど遜色ないレベルのコピーバイク（一二五シーシー）は、約三〇〇〇元で販売されている。

*中国の専利法では、専利権者の許諾を得ないまま専利権を実施して権利紛争に至った場合、まず第一に当事者間の協議で解決する。それでも解決できない場合は、裁判所に提訴するという二段構えの紛争処理方法が示されている。

厳しい品質基準で加速試験を受ける中国製二輪車

一方、同じ排気量のホンダブランドのバイクは、市場価格が約六〇〇〇元といった水準である。品質に圧倒的な差があるのであれば、二倍の価格差を「ブランド力」で跳ね返すことも可能かもしれないが、品質が酷似しているとなれば、市場競争力に大きな影響を受けざるを得ない。

事実、二輪事業で世界を制したホンダの中国市場シェアは、わずか三パーセントレベルに低迷しており、もはや市場をコントロールするパワーさえ持ちえていないのが現状である。

競争力喪失の現状を打開するには、どのような経営手段を採るべきなのか。ホンダの中国二輪戦略は大きく揺れていた。

そして、ホンダは大手バイクメーカーとの合弁会社設立という決断を下した。これ以上、中国メーカーと不毛な闘争を繰り返すのではなく、ライバルメーカーをわが陣営に引き込むことでコピーバイクを駆逐し、同時に生産のコストダウン手法を学び取ろうという「二正面作戦」である。

ホンダが選択した「究極の合弁事業」から、私たちはいったい何を学びとれるのだろうか。

最も注目すべきは、ホンダは八〇年代前半から中国市場で二輪事業を展開しており、中国ビジネスのコストダウン手法を周知しているという点である。二〇年を超える中国生産の経験を持ち、世界最先端の生産技術を保持するホンダであっても、中国国内メーカーの生産性にはまったく太刀打ちできないという現状が、中国ビジネスの「本質」を教えてくれている。

日本の生産拠点を中国に移管すれば、瞬く間に安上がりで高品質な製品が製造できると盲信している日本企業は、ホンダが直面した中国ビジネスの「恐ろしさ」を強く認識すべきではないか。

もう一点、ホンダの二輪事業展開から学ぶべき点は、ホンダＤＮＡに脈々と息づいている「徹底した現実主義の精神」である。

創業者の本田宗一郎が夢を懸けた栄光の二輪事業であっても、「世界一」のプライドをかなぐり捨てて、事業生き残りの選択を決断する超現実主義が、事業再生の核心であるといえる。

また、たとえ宿敵のライバルメーカーであっても、学びとれるところは謙虚に学び、「自らの戦闘力を強化する」という貪欲な事業精神も、見逃してはならない。

もし、ホンダがブランドの呪縛から解き放たれることなく、コピーバイクメーカーとの不毛な闘争に企業体力を消耗させ続ければ、市場シェア三パーセントの屈辱から永久に立ち直ることができないまま、やがて市場の片隅に追いやられる可能性も低くはなかった。

まさに「皮を切らせて肉を切る」という捨て身のホンダ流現実主義ビジネスが、中国ビジネス最大の危機を「逆転させる」に違いない。

世界のホンダが決断した中国二輪合弁事業には、明日の中国ビジネス戦略に活かす貴重な教訓が数多く語られている。

第3章

不良率0.068%を達成した オリンパスの生産革命

オリンパス光学工業

奥林巴斯（深圳）工業有限公司 (Olympus(Shenzhen)Industrial.,Ltd.)	
会社所在地	中国広東省深圳市南山南頭第5工業区
代表者	総経理　宮澤　清
設立	1991年12月
資本金	4,310万米ドル
出資比率	OHC　100%
従業員	3,500名
生産開始	1999年3月
生産品目	フィルムカメラ組み立て、出荷、レンズ研磨、光学組み立て、モールド成形ほか

世界No.1工場を実現した生産革命

映像システム事業改革の緊急記者会見

二〇〇二年一月七日、午後二時三〇分。

屠蘇《とそ》気分も冷めやらぬ四日に慌ただしく案内された記者会見が、大手町サンケイプラザ三〇一号室で開かれた。

記者会見のテーマは、二期連続の赤字決算で苦しむ「映像システムカンパニーの事業再構築」である。二〇〇一年三月期に二七億九〇〇〇万円の赤字に転落した映像システム事業は、二〇〇二年三月期で七九億円に赤字を拡大する見通しで、抜本的な事業改革が迫られていた。

その事業再構築の決意を示す記者会見が、社長の菊川剛、映像システムカンパニー長の小宮弘、映像営業本部長の小島佑介の出席によって行われた。

冒頭、司会役を務めた広報室長の馬越正就に促された菊川が、マイクの前に立った。

「本日は映像事業の再構築について申し上げたいと思います。オリンパス光学工業は先般の決算発表で過去最高益というご報告をさせていただきましたが、収益に大きく貢献したのは為替差益と内視鏡事業となっています」

過去最高益の決算内容に言及した菊川は、返す刀で言い切った。

「しかしながら、売り上げの三〇パーセントを構成しているデジタルカメラの赤字をこれ以上、放置しておくことはできません」

売り上げ構成の約三〇パーセントを占めるデジカメ事業は、競争が激化して販売価格が下落する影響で一一二億円の赤字に落ち込み、カンパニー全体でも過去二年間で百億円の赤字を累積させ、いまだ有効な解決策が示されていなかった。

そして菊川は、オリンパスが断行することになった「二つの再建策」を指摘した。

まず第一は、「生産体制改革」である。

『製造分野ではコスト競争力の強化を図るため、中国生産をベースにしながら国内開発・製造拠点との密な連携をより強める生産体制に変革します。これはすでに当社銀塩カメラ事業で成果をあげているモデルで、短期間で生産ラインを立ち上げる生産技術の確立など「創」の部分を日本国内の拠点が、高品質でローコストの製造工場として機能する「造」の部分を中国拠点が担います。具体的には、その基盤作りとして、国内の映像システム関連製品の生産拠点であるオリンパス光学工業辰野工場、オリンパス光電子東京事業場、大町オリンパス、坂城オリンパスの四拠点を一組織に統合し、さらに光学技術開発機能と生産技術開発機能を取り込みます。国内の製造機能と技術開発機能の統合により、今後広東省の深圳工場で拡充する中国生産を効率的に支援することが可能となり、国内外の製造力を強化します』（記者会見資料より）

ここで明確になった生産体制改革の方向は、「中国ビジネスの役割」を、認識させるものとなっている。

創と造の役割分担。

まさに中国ビジネス改革で掲げた生産拠点としての「世界NO1宣言[*]」が、事業再構築の鍵を握っているといえるだろう。世界NO1の生産技術の確立＝「造」は中国拠点が担い、日本国内は製品開発に特化した「創」の役割を担う「二極分化の製品開発戦略」こそが、映像システムカンパニーの「二十一世紀戦略」にほかならない。

長野県辰野町に配しているデジタルカメラの製造部隊と同じく長野県坂城町にあるレンズ製造の坂城オリンパスを中心に、製造四拠点を集中統合して、製造システムの合理化を図るという事業構想である。

デジタルカメラ開発の勝負は、レンズにかかっている。他の電子部品はすべて軽

＊世界NO1宣言については134ページ参照。

量・小型に進化してきたが、レンズ加工だけは「最後の開発部品」として残されていた。その「聖域」にメスを入れようというのが、生産体制改革の最大ポイントになる。では、どうしてオリンパスは国内のレンズ製造を整理統合するのか。

オリンパスはすでにレンズやカメラのモールド部品を中国生産しており、「中国国内に外販するベンチャービジネス」に挑戦しているという現実がある。

事業再構築のもう一つの柱は、「国内の製造・販売機能の一元化」である。

『販売分野では目まぐるしく変化する市場ニーズにすばやく応える市場対応力の強化を狙い、国内販売会社オリンパスプロマーケティングのコンシューマー製品を扱う映像事業部門を、営業譲渡によってオリンパス光学工業の映像システムカンパニーに統合します。製販を一体化することで迅速な意志決定と高い機動力を実現し、消費者の嗜好や売れ筋の変化など動きの速い市場動向に柔軟に対応できる体制を確立します』(前同)

ここではマーケティング体制に改革のメスが入った。目指すは「製販一元化体制の確立」である。

生産体制改革と製造・販売機能の一元化改革を示した菊川に続いて、映像システム事業の舵《かじ》を取る小宮が、マイクに向かう。

自らが映像システム事業に関わってきた経緯や中国ビジネスに触れた小宮は、デジタルカメラ事業の業績予想を掲げて、胸を張った。

「基盤事業として（デジタルカメラ事業の）黒字化を目指します。二〇〇三年三月期には五〇億円の黒字化を目標にしています」

デジタルカメラ事業の「V字回復」を宣言した小宮は、販売機能の一元化に主題を移した。

販売機能一元化の目的は、次に示す四点に集約される。

(1) 激変する市場・競合への即応体制の構築
　市場・販売現場から開発・製造に至るプロセス改革

(2) スピード経営重視の実践
　意思決定プロセスの一元化

(3) インテグレーションによる一層の効率化
　受け渡し業務の排除

(4) 相乗効果の創出
各商品分野で世界的にNO1～NO2である強みを生かす。

小宮が解説した。

「とにかく市場は激しいスピードで変化していますので、顧客ニーズを先読みする体制をつくりたいと考えています。そのためには、意思決定のプロセスを改革して、NO1またはストロングNO2のポジションを獲得できる事業構造を構築したい」

映像システムカンパニーが市場供給するすべての製品において、世界NO1かストロングNO2の座を獲得する。

小宮は、そう言い切った。

では、具体的に「スピード経営」は、どのように達成されようとしているのか。現状と改革案を対比させて、考えてみよう。

創の改革から考察したい。

創の機能改革とは、「市場と開発現場のプロセス改革」と同義になっている。スピーディーかつ的確に市場ニーズを吸い上げて「売れる製品」を創造するためには、いかなる事業スキームが必要なのか。

現状は、次のようなスキームで構成されている。

『市場・お客さま⇅オリンパスプロマーケティング⇅オリンパス光学工業』（115ページ図参照）

市場から吸い上げられた消費者の声は、マーケティングの専門機構で解析されてか

●販売機能の一元化
（オリンパス光学工業資料より）

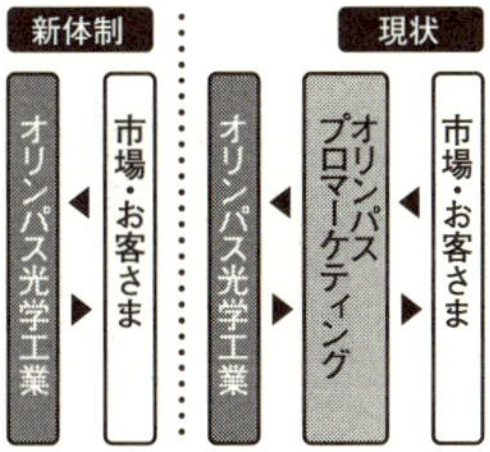

ら、オリンパス本体の開発部門に送られてきた。いわば、マーケティング専門機構で「加工され、意思決定された市場ニーズ」が、モノ作りの現場を動かしてきたことになる。

オリンパスでは、過去一貫してこうした「三段階の製品開発システム」がオペレーションされてきたが、「製品化の意思決定スピードが求められる時代」に、製販の分離体制が「強者のビジネスモデル」を描けなくなってしまったのである。

ならば、ビジネスモデルはどのように再構築されようとしているのか。

改革後のビジネスモデルを示そう。

『市場・お客さま⇅オリンパス光学工業』（上図参照）

現在、マーケティング専門機構のオリンパスプロマーケティングは約二〇〇人のスタッフを抱えているが、これらの人員をオリンパス本体に組み込んで、マーケティング業務の「内製化」を実現するというのが、製販一元化改革の骨子である。市場で吸収されたニーズをダイレクトに映像システムカンパニーに送り込み、製品化の意思決定スピードを加速させようという基本戦略だ。

結果、マーケティング体制を本体に取り込むことで、オリンパス開発陣は市場とダイレクトに対峙《たいじ》しなければならなくなる。開発能力と同時に、マーケティング感覚を

●深圳工場におけるコンパクトカメラの生産推移 1992〜2000年
（単位は万台、オリンパス光学工業資料より）

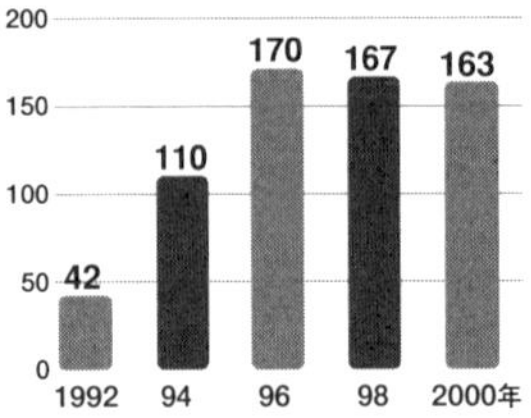

兼ね備えた「市場性を保持した技術力」が、開発陣に求められることになる。

市場と開発陣を直結する「創」のメカニズム改革を解説した小宮は、弁舌鮮やかに「造」のメカニズム改革を披露していった。

一〇パーセントのコスト削減と二〇パーセントのシェア獲得を目指す世界No.1戦略

創の改革に言及した小宮は、いよいよ造の再構築に踏み込んでいった。

「国内製造拠点統合の狙い」

「生産拠点の中国移転等に伴い、技術力、製造力の底上げを狙いたい」

造のメカニズム再構築の核心には、言うまでもなく「中国ビジネス」がある。

中国におけるデジタルカメラの製造拠点は、深圳工場だ。二〇〇二年春から本格的なデジタルカメラ生産に着手する深圳工場では、すでに完成されている銀塩カメラの製造ラインを積極活用する形で、デジタルカメラを製造する方針が打ち出されている。

小宮が応えた。

「深圳工場の稼働率は、ここ数年横ばいで推移していますが、生産性は逆に三〇パーセントアップしています。その生産性を向上させたところにデジタルカメラ製造をシフトさせたいと考えています」

造の改革で重要な目標に設定されているのが、「コストの削減」だ。

さらに、小宮が言及した。

「コスト削減は開発、製造、流通といった事業のさまざまな段階で取り組んで、トータルコストを削減する方向を目指しますが、世界NO1の立場を実現するには、何よりもコストの削減が不可欠になる」

創と造を明確に役割分担して、世界最強の開発・生産システムを構築する大きなポイントは、「コスト削減にある」といっても過言ではない。

では、映像システムカンパニーではどの程度のコスト削減を狙っているのだろうか。

一〇パーセント。

「コストダウンの目標は〝一〇パーセント〟に設定しています」

一〇パーセントのコストダウンを達成することが、各商品分野で世界NO1かストロングNO2の市場競争力を保持するための「生命線である」と、オリンパス経営陣は考える。

一〇パーセントのコスト削減と同時に、シェアの獲得にも邁進《まいしん》する覚悟だ。中国ビジネスが主導権を握る「造の改革」で飛躍的な製造コスト削減を期すオリンパスは、市場シェアの獲得目標も高らかに掲げた。

二〇パーセント。

「やはり市場においてNO1の主導権を握るには、最低でも二〇パーセントのシェアを獲得していきたい」

一〇パーセントのコストダウンと二〇パーセントの市場シェア。

緊急記者会見で発表されたこの数字が、映像システム改革の道筋を象徴する。

「新たな生産体制では、国内と海外の役割や責任を明確にした上で、完全な連携を強化していきたいと考えます。生産体制の中では映像システムカンパニーが研究開発センターと連携することも少なくありませんが、そうした場合でも〝ビジネス取引〟をきちんとしていきたいと思います」

オールオリンパス体制の内側であっても、開発コストを明確に算出し、よりコストパフォーマンスの高い連携体制を構築しようという、新たな生産戦略が明らかになった。世界NO1体制の実現には「身内だから」とか、「オリンパスグループだから」といった甘えや妥協は許されない。

そして、新たな「製造拠点統合の狙い」が示された。

(1) 開発部門と一体となって策定した技術戦略を技術と製造がベクトルを合わせて

実現する

(2) 圧倒的事業スピードと事業変化に対応できる経営意思決定プロセスの改革（インテグレーション）

(3) トータルコストの削減

こうした(1)〜(3)の経営改革を断行するために、「国内関係会社とカンパニー内製造部門・技術開発部門の統合」が有機的に機能すると改革設計図は描かれている。

ただし、今回の記者会見ではより具体的に踏み込んだ経営戦略は、示されなかった。たとえば、国内の製造四拠点を統合したとき、もし人員の余剰が発生したときはどのような対応を考えているのか。

統合するというのは、いったいどのような経営形態（形）になることなのか。

記者から質問を受けた小宮は、次のように応えた。

「今のところは、具体的な内容は詰め切れていません。新たな会社を設立することも、一つの選択肢としてありますが、結論は出ていません」

そう返答した小宮が、右隣に着席している菊川に顔を向けると、菊川も無言で首肯した。

製造四拠点を統合*して、新会社を設立するのか。もしそうなった場合、新会社の人員配置はどのようになるのか。不確定要素も少なくない。

そして、小宮は「宣言」した。

「付加価値の創は国内で行い、付加価値の造は海外で行っていきます。私たちが目指すのは、GMB（グローバル・メジャー・ブランド）であり、GMS（グローバル・メジャー・サプライヤー）なのです」

GMBとGMS。

両者に共通する「グローバル・メジャー」というベクトル上に、オリンパスの事業再構築は設計されている。

映像システムカンパニーが掲げる「V字回復」の内側を紹介しておきたい。

二〇〇三年の黒字化（連結ベース）を狙う五〇億円の内訳は、次のように考えられている。

銀塩カメラ等の既存事業＝四〇億〜四五億円

デジタルカメラ事業＝五億〜一〇億円

今年から中国ビジネスにおける生産立ち上げを図るデジタルカメラ事業は、段階を踏みながら生産が移管されていく予定だ。そこには国内で生産パートナーを組む三洋電機との事業提携問題や国内製造の空洞化問題、さらには余剰人員のリストラ問題な

＊二〇〇二年二月六日、オリンパスは国内生産拠点を統合し、新会社「オリンパスオプトテクノロジー」を設立することを発表。オリンパス電子東京事業場、大町オリンパス、坂城オリンパスという三社の生産子会社を統合し、本体であるオリンパスの辰野事業場や技術開発センターに分散するデジカメ生産機能の一部を取り込んで、新たな生産体制に挑戦する。本社は長野県岡谷市に置き、資本金は一億一〇〇〇万円でスタートする。

ど、さまざまな重要経営課題が山積している。

しかしながら、一つだけ明解に示されていることは、「造」に特化した中国ビジネスが近い将来には必ず「創の能力」を獲得することである。

造の世界NO1集団は、より付加価値の高いビジネスモデルを模索して、創の世界NO1を目指していく。造の世界NO1と創の世界NO1がコラボレイトしたとき、まさしく「世界最強の製造業」が構築される。

そうなったとき、国内の「創」はどのようなレーゾンデートルを示すのか。自らの存亡を懸けた戦いが、これから始まろうとしている。

二十一世紀に飛躍する中国ビジネスは、役割分担というオリンパスの生産改革を越えて、早くも新たなビジネスモデルの構築を迫っている。

中国ビジネスの再構築を断行

二〇〇二年三月、年産一万台規模のデジタルカメラ生産を中国でスタートさせて、中国ビジネスの新基盤事業に育成する改革設計図が描かれた。すでに中国でトップシェアを確立している銀塩カメラ事業やテープレコーダー事業を基盤事業に据えて、新たな事業基盤の創出を狙うキーワードは〈世界NO1の中国発ビジネス〉だ。

理由は後述するが、アイデアマンの小宮は「№1」という言葉をあえて使わず、「NO1」という表現にこだわり続けてきた。

ならば小宮がこだわり続ける「世界NO1の中国発ビジネス」とは、いったい何なのか。

NO1ビジネスへの挑戦は、「中国ビジネスの生産革命計画」を胸に秘めた男が、未知の国へ単身で乗り込むところから始まっていく。

一九九九年四月二日、奥林巴斯香港中国有限公司の董事《とうじ》長・総経理に就任した小宮に、香港工場の日本人工場長が工場改革案を提示した。

差し出された改革案を一瞥した小宮は、工場長に向かってきっぱりと言い切った。

「香港工場は六カ月後に閉めるので、一カ月以内にリストラ計画を作成してもらいたい」

オリンパスが香港にビジネス拠点を築いたのは、一九八八年のことだった。翌八九年には製造拠点が稼働し、銀塩カメラの本格的な生産活動がスタートした。

オリンパスの中国ビジネス展開を三段跳びに喩《たと》えると、この香港進出がホップに相当して、九〇年の番禺《ばんゆう》工場稼働がステップとなり、初めての独資による拠点展開に踏み込んだ深圳工場の設立がジャンプとなる。

小宮が中国ビジネスの推移を振り返って、総括した。

「私が香港に着任したときは、オリンパスが中国ビジネスに踏み出してから一〇年の歳月が経っていました。その間、番禺に工場を稼働させ、深圳工場が設立されてカメラ生産の両輪が回転し始めましたので、生産拠点として〝香港工場の役割〟はすでに終わっていたのです」

当時、香港工場には二〇〇人の従業員が雇用されていたが、コスト、規模、能力といった生産に関するあらゆる指標を切り取っても、生産拠点としての使命は終焉《しゅうえん》していた。

思いも寄らぬリストラを命じられた工場長は狼狽《ろうばい》しながら、言葉を落とした。

「私は今日、工場長になったばかりなんですけど……」

現場のリーダーに昇進した刹那《せつな》、「工場の閉鎖」を命じられた工場長は、発言すべき内容を見つけることができなかった。

動揺する工場長を励ますように、新董事長が語りかけた。

「その通り、あなたの使命は極めて重大なんですから」

オリンパスの銀塩カメラ事業は、長らく赤字体質に蝕《むしば》まれ続けてきた。香港、そして番禺、深圳という中国の生産拠点を稼働させても黒字転換できない銀塩カメラ事業は、経営陣に「事業撤退もやむなし」という議論を吐かせる「経営の宿痾《しゅくあ》」だった。

銀塩カメラの「負の遺産」にメスを入れなければ、オリンパスの二十一世紀が展望できない。中国ビジネスの再構築には、待ったなしの経営改革が横たわっていた。

中国ビジネスの再構築は、すでに競争力を失っていた香港工場を閉めて、生産能力をすべて華南エリアの番禺工場に移管し、一直で工場を稼働させる生産体制が描かれていた。

生産改革と〇・一へのこだわり

電光石火のリストラで香港工場の閉鎖を打ち出した小宮は、いよいよ中国ビジネスの改革に乗り出していった。改革の矛先は、銀塩カメラの組み立て工場である番禺工場に向けられた。

生産拠点改革の焦点は、次の三点に集約される。
◆生産不良率の改革
◆生産性の向上
◆生産コストの競争力アップ
「たとえばカメラの新製品を生産するときなどは、通常三パーセントから五パーセント程度の不良率が発生しますが、番禺工場は〝不良率〇・一パーセントを目指す〟という目標を掲げました。改善というレベルではなく、改革に邁進したのです。それも、工場長を始め技術、現場の全員が自ら宣言した」

銀塩カメラの生産工程は、全部で九工程（一直で一八班）に分かれている。そのすべての班・工程において「不良率を〇・一パーセントにする」という途方もない目標が掲げられた。

このとき番禺工場で実践された手法が、〈三色管理〉と呼ばれる生産マネジメントである。一八工程の不良率を三段階に区分した上で、三つの段階を三色に分けながら、日次で管理する方法だ。

不良率は、三段階に分けられた。

◆不良率一パーセント以上は「赤色」

◆不良率〇・一パーセントから〇・九九パーセントまでは「黄色」

◆不良率〇・一パーセント未満は「青色」

不良の発生率が多い順に赤色、黄色、青色の三色に区分し、一八工程を担当する各職場に不良率の現状を張り出して、「目で見る管理」を実施した。工程ごとの不良率は、張り出された「色」を見れば一目瞭然である。A工程が赤色、D工程が黄色、H

工程が青色ならば、H工程の担当メンバーが優良な仕事ぶりを発揮し、A工程の努力が足りないことが、誰の目にも分かってしまう。

小宮が述懐する。

「三色管理を実践したときに一番うれしかったことは、現場にいる中国人の責任者クラスから〝挑戦しよう!〟という意欲が沸き上がったことですね。トップダウンで私が押しつけたのではなく、現場サイドから改革のムーブメントが起こったのです。現場が燃えれば目標達成も加速します。三色管理を始めて一カ月で、赤色が黄色に、黄色が青色に変わっていきました」

現場から立ち上がった不良率改革は、番禺工場の生産性を飛躍的に向上させていった。不良率一パーセントが〇・五パーセントに改善され、〇・五パーセントが〇・一パーセントに進化し、ついに「〇・〇六八パーセント」という金字塔を打ち立てたのである。

不良率〇・一パーセントを目指した生産性向上運動は、〇・一をもじって〈NO1チャレンジ〉へと展開されていった。

「〇・一」を目指したのは、不良率改革だけではなかった。昨日の部品在庫が今日は製造ラインに組み込めないほど新商品の開発戦争が激化しているデジタルカメラ市場において、在庫量の多寡は競争力を大きく左右する。

「工場では仕掛かり在庫の削減にもチャレンジして、〇・一の目標を掲げました」

こちらの〇・一は、同じ〇・一でも〇・一パーセントではなく「〇・一カ月」だ。当初、一・八カ月分ストックされていた在庫を一・二カ月に改善し、〇・七カ月と激減させながら今期末までの〇・五カ月を目指している。

従来の常識では考えられなかった在庫管理の実現により、オリンパスの中国工場は柔軟でスピーディーな生産体制が確立されて、市場における競争力の優位性を獲得していった。

現在、オリンパスでは華南エリアの番禺と深圳にカメラ生産の製造拠点*を集約し、銀塩カメラのほぼ一〇〇パーセントを両工場で生産しているが、一連の生産改革は銀塩カメラの生産のみを目標にして行われたものではない。

オリンパスでは銀塩カメラ市場を、このように分析している。

「世界における銀塩コンパクトカメラ市場はすでに成熟しています。今後は中国市場においても、飛躍的な拡大は見込めません」

では、期待する市場の将来像が展望できない銀塩カメラビジネスの生産拠点に、どうして「大胆な改革」が必要だったのか。


*中国製造拠点の生産性は、日本を含めた世界トップクラスの水準にある。

その解が、二〇〇二年三月からスタートする「デジタルカメラ生産」にある。

デジタルカメラ市場でトップシェアを獲得しているソニーは、二〇〇一年一二月から上海で高級機種の生産を開始し、ライバルの富士写真フイルムは、一九九七年から輸出用のデジタルカメラを蘇州で生産してアドバンテージを築いている。

激烈なシェア争いを繰り広げるライバル各社に比べて、中国におけるデジタルカメラ生産に出遅れたオリンパスにとって、深圳工場への生産シフトは焦眉の急となっていた。

「番禺と深圳の両工場は、明確な役割分担ができています。カメラ生産の総合力を追求する深圳工場は高い生産技術を保持する技術集約型工場で、番禺工場は優れた生産性を追求する労働集約型工場として、それぞれの〝強み〟を発揮しています」

現在、市場で展開されているデジタルカメラ戦争は、「前モデルの投資を回収しないまま最新モデルを開発しなければならない」と評されるほど、苛烈な「生存競争」が繰り広げられている。中国の生産拠点において、仕掛かり在庫のストックが一・八カ月から〇・五カ月に改革された背景には、デジタルカメラの生産移管を睨《にら》んだ周到な生産戦略があった。

また、カメラビジネスにおける「一貫生産体制の確立」を志向する深圳工場では、初めて「カメラ部品の現地生産」に踏み込んでいった。組み立てラインはもとより、金型設計と製造、金型成型および塗装、さらには電子部品の実装やレンズ研磨に至るカメラの一貫生産体制が、中国拠点で初めて構築されたのである。

銀塩カメラの構成部品は約三〇〇点に及ぶが、常識を打ち破る生産改革によって、部品の現地調達率は飛躍的に向上した。

「いまでは点数ベースで、約八〇パーセントが現地調達されています。不良率を改革するためには、部品の現地調達率向上が不可欠だったのです。従来は日本から送られてくる部品で、黙々と製品を組み立てていましたので、そもそも完成品の不良率に対する関心が希薄でした。ところが構成部品まで自分たちで生産するとなれば、不良率が重大な関心事になってくる。なぜなら不良率の上昇が追求されたときに、日本から送られてきた部品が悪いという言い訳は通用しなくなりますから」

世界NO1を目指す「〇・一」へのこだわり。

オリンパスの生産革命が加速していった。

人間関係の構築がビジネスを成功に導く

香港工場の再構築に端を発した中国ビジネス改革は生産システムに切り込みながら、

世界NO1レベルの生産拠点構築を目指して、推進されていった。

やればできるんだ。

番禺工場と深圳工場を合わせて五〇〇〇人に上る現場スタッフは、全員でミッション遂行の目的意識を共有しあって、より高い目標へ挑戦していった。

では、どうしてオリンパスの中国ビジネス改革は成功できたのか。その成功要因を探っていくと、「人間関係の構築」という古くて新しいマネジメントの大原則に突き当たる。

一九九九年四月、単身で香港に乗り込んだ小宮は、半年後に家族を呼び寄せた。中国の現地法人幹部として赴任する日本人ビジネスマンは、単身赴任を望むケースが少なくない。生活習慣や文化の違い、不自由な言語、異なる政治・経済体制、さらに子供の教育といった諸問題が、ビジネスマンに単身赴任を選択させている。

ところが小宮は意を決して、家族とともに中国に移り住む決断をした。

なぜか。

「中国に赴任している日本企業の経営幹部は、二～三年で日本に戻される人が多いので、中国人スタッフも〝役員でやってきても二年経てば帰っていくに違いない〟と思っています。こんな調子では、思い切った経営改革などできるはずがない。ですから私は、家族も呼び寄せて〝本気で中国に根を下ろしたい〟という気持ちを表明したかった」

俺は単身でふらっとやって来て、腰掛けで帰っていく経営者ではない。日本は確かに自分の母国だが、今の俺はここ（中国）が自国だと思っている。自分の国で家族と同居するのは、当たり前じゃないか。

小宮は、家族同居という現実の姿を通して、自分が中国にやってきた「覚悟」を表現した。

着任早々、小宮が形で示したパフォーマンスは、もう一つある。

中国に赴任した歴代総経理の執務室を、撤廃してしまったのである。赴任以来、一度も総経理室に足を踏み入れない変わった経営者がやってきたと思ったら、フロアの真ん中に席を置いて執務をしだした。

ひとたび異文化社会に入れば、日本流の以心伝心は通用しない。何をすれば、誰に何を伝えられるのだろうか……。

董事長のマネジメントは、自らの「意思の表現」から始まっていった。

赴任当初、中国人スタッフとの距離を感じた小宮は意識的に対話集会を設定し、フランクなディスカッションを通じて、コミュニケーションを深めていった。

小宮自身は、異文化社会におけるコミュニケーションの難しさを、次のように語る。

「中国ビジネスの抜本改革は構造改革、体質改革、意識改革の三点を軸に進めていきましたが、一番難しかったのが意識改革でした。人間の意識を変えるということは、本当に大変なことだと思い知らされました」

困難な意識改革を成し遂げる根底には、良好なコミュニケーションが成立している必要があり、良好なコミュニケーションが成立するためには、お互いの信頼関係が築かれていなければならない。そうした信頼関係を築く重要なアプローチとして、対話集会が積み重ねられていった。

係長以上の中国人スタッフとのディスカッションからスタートした対話集会は、続いて入社三年未満の若手学卒社員とのミーティングに発展していった。

オリンパスは、一九九八年から大学新卒学生の定期採用を行っている。日本人スタッフが中国全土の大学を訪問して、経営方針や採用方針を説明に歩きながら、こつこつと採用学生を増やしてきた。

毎年二〇人から三〇人が採用される学卒新入社員の約八五パーセントは技術系で、現在までに第一期から第三期までの約一〇〇人が、オリンパスの門をくぐっている。

対話集会には董事長の小宮はもちろん、日本人の幹部スタッフも同席する。ときには若い中国人社員から、辛辣な批判を受けることもある。

幹部候補の若手学卒社員が発言した。

「皆さんは、私たちに対して教えることに熱心ですが、反対に私たちから教わるべきこともあるのではないでしょうか。どうも、教わる姿勢が足りないように思うのですが……」

指摘を受ければ、まさにその通りだった。自分たちは中国人スタッフを指導するために、異国の大地へやって来たのではない。一緒にミッションを共有し、共感、共鳴し合いながら、新たな価値を「共創」するために、ここにいるのだ。

対話集会は重要なコミュニケーションの時間であると同時に、日本人スタッフの業務意識を変革する道場でもあった。

中国人スタッフの情報を貪欲に受信する一方で、日本人スタッフも次々に情報を発信して、問いかけた。

「なぜ、自分たちはＮＯ１にならなければならないのか」

「なぜ、高い顧客満足を目指さなければならないのか」

「なぜ、高い業務目標が必要なのか」

「なぜ、目標の共有化が大切なのか」

対話集会でディスカッションの対象となったテーマは、可能な限り情報が公開された。ときには経営戦略を巡って意見が火花を散らすこともある。対話集会は次第に、中国人スタッフの教育研修として、意味を持つようになっていった。

異文化の価値観は、お互いが共通の理解を得ることで容認しあい、ベクトルを合わせていった。

そして、「世界NO1」という達成目標が不良率NO1、在庫率〇・一カ月という目標設定と同時に、打ち出された。世界NO1のロゴは、N＝〇・一という意味も込めて、「〇」が大文字になっている。そうした細かなパフォーマンス一つにも、小宮のこだわりが示された。

一九九九年一〇月、「私の世界NO1宣言」という、ユニークな応募イベントが実行された。

世界NO1に使用された専用カプセル

何でもよいから自分が「世界NO1になりたい」と願うテーマを見つけて、「NO1宣言」をする。社員各人の宣言は専用カプセルに収められ、五年ごとに新たな宣言を受けて確認し、一〇〇年間カプセルを保存していくという壮大な夢イベントだ。

応募期間は当初、三カ月間を予定していたが、経営陣の意気込みとは裏腹に、応募状況は芳しくなかった。スタッフ総数五〇〇〇人のうち、二カ月経ってなんと九五人しか応募者が集まらなかったのである。

これでは……ということで、さらに督励推進してようやく九四〇人の応募者を集めることができた。

「中国の正月は一月末だということで一カ月の延期を決めて、〝文字と写真と声を入れよう〟というキャンペーンを実施した結果、応募者が徐々に増えていきました。こうして宣言のムードが盛り上がり始めると応募者は急増し、あっという間に二六〇〇人が殺到。今では約三五〇〇人分のNO1宣言がカプセルに詰まっています」

ここで、オリンパスの生産改革を総括してみよう。ポイントは次のように要約できる。

《中国の生産能力は世界レベルのポテンシャルを秘めている》

日本企業が中国へビジネス進出する際、最も重要視されてきたメリットは、コストパフォーマンスであった。日本の一〇分の一、二〇分の一という安い労働コストと豊富な労働力を獲得することが、最大の進出目的だった。数多《あまた》の日本企業にとって中国ビジネスは、コストメリットの魅力に溢れた「下請け工場の稼働」と同義だったと言っても、過言ではない。

ところが、オリンパスの中国ビジネス改革は、そうした単純なコストパフォーマンスの追求とはまったく別次元の設計図を描くことで、「生産革命」を成功させていった。

小宮は、明確に言い切る。

「よく、中国へ技術移転*という方法でビジネス進出しますが、私は技術移転など何の意味も持たないと考えています。技術を右から左に移転するだけでは、何の付加価値も生まれないからです」

生産技術を移転するのではなく、生産拠点を新たに創造する。

オリンパスの中国ビジネス戦略は、その一点に描かれていった。

事実、世界ＮＯ１チャレンジに代表される生産システム改革は、日本の生産能力をも凌駕《りょうが》する高次元の生産力を実現させた。中国は先進技術を受動的に消化するのみならず、さらに進化させて、高い付加価値を創造するポテンシャルを秘めている。

その意味で、コストメリットという単眼志向のビジネス戦略を策定し、技術移転に特化した経営路線を選択する日本企業は、やがて中国における存在価値を喪失し、二十一世紀のグローバル市場から消え去る運命をたどるに違いない。

もう一つ、要諦を抽出したい。

《価値観の共有が人間関係を創造する》

＊二〇〇一年一月、外資企業の技術ライセンス契約は、原則的に自由化された。

オリンパスの成功要因は、移転された技術の優秀性にあるのではなく、最新のハイテク設備の導入でもなく、トップダウンの業務命令でもなかった。

あえて成功要因を特定すれば、異文化の相互理解を深めながら構築された「価値観の共有」が、ビジネスを成功に導いたといえる。換言すれば、中国ビジネスにおける最大の蹉跌要因は、日中の価値観が反発しあう「相互不信に存在する」と指摘することもできる。

母国ではないが、中国は「自国」である。

オリンパスの中国ビジネス改革は、進出企業が胸襟を開いたその一言から、スタートしていったのである。

世界No.1人材を育成する人材革命

世界に通用するスペシャリストを育成する

待ったなしの中国ビジネス改革に着手したオリンパスにとって、さらなる改革は〈人事改革〉であった。構造改革よりも体質改革よりも困難な意識改革の総仕上げを行うには、将来を担う人材を育成し、戦力となる人材を活かし切る「人事制度の刷新」が不可欠だった。

名付けて「チャレンジング人財作戦」と呼ばれる、人事制度の大改革案が描かれた。小宮が、導入の意図を要約する。

「チャレンジング人財作戦と呼ぶ新人事制度を二〇〇二年四月から導入します。技能、技術、マネジメントといったスキルを徹底的に極める人事システムを創設しました」

チャレンジング人財作戦の原点は、生産革命思想の中核をなす「世界ＮＯ１」にある。世界に通用する超一流のスペシャリスト養成システムが、このユニークな人材開発作戦にほかならない。

「従来の人事制度は、ゼネラリストの養成を目的に組み立てられていましたので、技能や技術をある程度習得すると、次はマネジメント職として、管理職を目指すようになっていました。しかし、そうした中途半端なゼネラリスト養成では、グローバルに通用する本物のスペシャリストが育ちません。技能レベルも中くらい、マネジメントスキルや経営企画能力も中くらいの人財を大量養成しても、世界NO1の実力を誇れるグローバルカンパニーが創れないのです」

どの仕事も無難に処理できる凡庸なゼネラリスト集団では、世界NO1どころか国内NO1のパワーさえ、生むことができない。ましてや世界大競争に勝ち抜く競争力など到底、作りだすことができない。

小宮が、明快に言い放った。

「私たちは日本の企業（システム）を中国に作ろうとしているのではなく、中国企業の育成を目指しているのでもありません。オリンパスが狙うのは、グローバル経済でリーダーになれる世界NO1企業です」

世界NO1企業への挑戦と日本流マネジメントの限界が契機となって、「超一流のスペシャリスト養成」を決断させた。技能でも、技術でも、マネジメントでも、個人が一番得意とするスキルを徹底して磨き上げて、それぞれの分野で真のスペシャリストを誕生させようという試みである。

チャレンジング人財作戦が用意するスペシャリストの階段は、左記の通りだ。
(1) 入門
(2) 初級
(3) 中級
(4) 上級
(5) 国内一流
(6) 世界一流
(7) 世界超一流
「(1)から(7)までの各段階を、さらに三〜七のレベルに細分化して、それぞれのレベルをクリアしながら等級を上がっていくキャリアアップ・システムです」

超一流スペシャリストの養成を究極に据える七段階を一目見て感じ入ることは、ネーミングの秀逸性だ。スタートラインの「入門」から始まって、「世界超一流」に至る各段階が、誰にでも非常に分かりやすく表現されている。

工夫を重ねた優れたパフォーマンスは、チャレンジング人財作戦だけに限ったことではない。

◆世界NO1チャレンジ

◆世界NO1宣言とカプセルイベント

◆三色管理

中国ビジネス改革で打ち出されたこれらの施策は、経営戦略として優れているだけではなく、実施レベルの「演出」といった側面でも、考えに考え抜かれたパフォーマンスを示している。

《施策遂行は分かりやすさと納得性が結果を大きく左右する》

オリンパスが実践した諸改革のパフォーマンスには、この鉄則が見事に具現化されている。

異文化の地でより正確な意志の疎通を実現するアプローチとして、分かりやすくて理解しやすいコミュニケーション手段が求められることは、言うまでもない。組織をオペレーションする際、ビジネスの基本となる「報、連、相」に始まり、伝達事項や施策遂行の告知など、正確なコミュニケーションを必要とするマネジメントは数多ある。

中国ビジネスという異文化のビジネスシーンで、そうしたマネジメントはいかに遂行されるべきなのか。オリンパスが実践してきたパフォーマンスの中にこそ、その解が明らかになっている。

再度、チャレンジング人財作戦に引き戻して考えてみたい。

究極のスペシャリスト養成制度であるチャレンジング人財作戦を、全社員に向かってどのように伝えればよいのか。企業が目指す方向や社員に放つ熱き期待を、どのように発信すれば周知徹底できるのか。

オリンパス経営陣は、熟慮を重ねた。

単に、「スペシャリストの養成制度を導入する」と告知しても、制度の中身を正確にイメージしてもらうことは難しい。ややもすると、スペシャリストと非スペシャリストを厳しく峻別して、スキルが劣っている社員を一方的に排斥、馘首《かくしゅ》する制度と誤解されかねない。人材を育成する制度が人材切り捨て制度という、まったく正反対の意味に誤解されてしまえば、経営戦略の遂行に重大な悪影響を与えかねない。

ところが、スペシャリストへの道筋を「入門」から「世界超一流」というように単純化して内容を平易に表現すると、チャレンジング人財作戦が何を意図する制度なのか、「自分が、何をどうすればキャリアアップできるのか」が直感的にイメージできる。この直感的なイメージ訴求が、新人事制度を社員に身近に感じさせ、「分かりやすくて親しみやすい感情」を抱かせて、「幅広い納得性」を生むのである。

たかがパフォーマンス、されどパフォーマンスだ。たかが、ネーミングと侮ってはいけない。

エモーショナルな理解を欠いた一方的で高圧的な施策の遂行は、中国ビジネスの諸断面において、決して初期の目的を達成することなく袋小路に迷い込むことだろう。

挑戦する意欲を評価する新人事制度の導入

人事制度の導入を成功させる要諦は、大別して二つある。一つは制度の狙いや内容の理解を社員に徹底させることであり、もう一つは制度を客観的に運用することである。人事制度導入の成否は、「導入の納得性と運用の公平性をいかに実現するか」にかかっている。

ならば、チャレンジング人財作戦における運用の公平性は、どのように実現されたのだろうか。さっそく分析してみたい。

「人事評価の根本はやはり職制にありますから、職制長から上がってきた評価を多段階に精査していくプロセスは大切です」

具体的には、職制を通じて上がってきた個人評価を、人財マネジメント委員会と呼

●人事評価を確定する仕組み

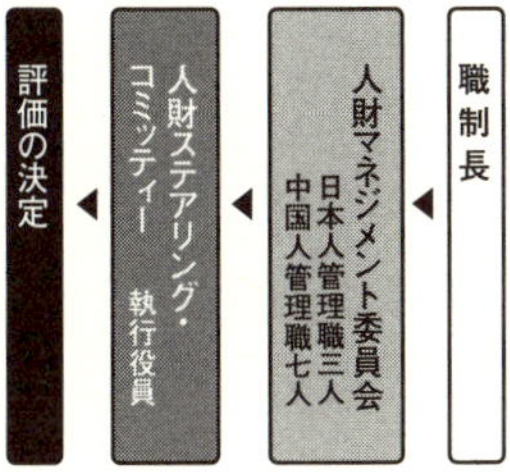

ばれる組織で、再評価する。委員に選任されている一〇人の管理職のうち日本人は三人、残りの七人が中国人管理職という委員会構成である。

「人事と総務を統括する責任者は、中国人のキーマンを起用しています。中国語を理解できずに、中国文化の理解も薄い日本人スタッフが、中国人社員の人事や人財育成などできるわけがない」

人事のキーマンは、中国人を起用する。*

口で言うのは簡単だが、中国に進出した日本企業において、「カネとヒト」にかかわる業務の責任者に中国人を起用している企業が、どれくらいあるだろうか。正確なデータがないので実態把握は困難だが、少数派であることはたしかに違いない。

現場の管理職を中心に構成される人財マネジメント委員会で再検討された人事評価は、次なるステップで、人財ステアリング・コミッティーの審査を受けなければならない。人財ステアリング・コミッティーの主要メンバーは執行役員で構成されている。現場の職制から上がってきた個人評価は、管理職委員会と執行役員コミッティーという二段階の審査を経て、最終的な評価が確定する仕組みである。

では、評価の基準となる「物差し」は、いったい何なのか。具体的に評価の内側を検証していこう。

＊中国人スタッフを第一線幹部に登用して、積極的に現地化を推進している。

オリンパスでは、新人事制度の導入に合わせて、人事評価の基準を大幅に見直し、基準の公開に踏み切った。

新人事制度導入のイニシアチブを執った小宮は、近年日本の企業で広く取り入れられている「目標管理制度」に対して、苦言を呈した。

「目標を設定して、業務達成を促す制度は日本企業でも広く行われていますが、達成の有無に評価基準を置いている点が大きな問題です」

達成の有無を評価基準に置くと、「達成が容易な目標しか設定しなくなり、より高い目標にチャレンジする意欲が引き出せない」と、小宮は看破する。目標達成にこだわる評価システムが、「無難な目標設定に堕している」という辛辣な批判でもある。

そうした目標管理制度の欠陥を是正するため、新人事制度の導入では達成のための目標を廃して、「挑戦のための目標設定」を評価基準のど真ん中に組み込んだ。

新評価基準を示す。

◆より高い目標設定　三〇パーセント
◆目標達成のプロセス　三〇パーセント
◆成果　三〇パーセント
◆総合評価　一〇パーセント

各項目の下に記した数字は、人事評価に対する配分比率である。

「新人事制度では、より高く設定された目標に、全体の三〇パーセントの評価を与えます。無難な目標ではなく、挑戦する意欲を感じさせる高い目標設定は、それだけで評価に値するという考えです。加えて、達成までのプロセスもきちんと加点評価を下したい」

挑戦に値する高い目標を掲げて、しっかりしたアプローチで経過を積み重ねていけば、「全体評価の六〇パーセントを獲得できる」という、いかにもチャレンジングな人事評価基準が誕生した。

なによりも特筆されることは、より高いチャレンジ目標を掲げることと成果を出すことが、同じレベルの評価を得ることだ。既存の目標管理制度の弊害を是正し、「挑戦する意欲を積極的に評価する」といった極めて斬新《ざんしん》的な人事評価が、中国ビジネスにおいて初めて実現する。

オリンパスでは「チャレンジング人財作戦」の導入に先駆けて、二〇〇一年九月から「特進制度」という新評価制度もスタートさせている。

特進制度とは何なのか。直截に問うてみよう。

「中国ビジネスの決算サイクルは、年次決算が月次になり、月次を週次管理に踏み込んで、クイックレスポンスの決算管理を実現しています。そのようなスピード経営を実践していくと、果たして〝人財の評価だけが年一回の昇格と昇給でよいのか〟という問題に突き当たったのです」

事業のアウトプットである決算がクイックに判断される時代に、人材の業績評価だけが年次管理を踏襲したままでは、タイムリーな人材登用が損なわれてしまい、人材活用のロスを生じてしまう。

そうした経営判断が、特進というユニークな抜擢制度を実現させた。顕著な業績が認められる社員を四半期ごとに積極評価し、柔軟に昇格や昇給をさせて経営に人材パワーを貪欲に吸収する。

「人件費は固定費ではなく、変動費であると考えています」

中国ビジネスの人事戦略は、つねに経営の根幹でダイナミックに進化している。

特進昇格の決定が合理的で客観的な根拠を持つか否かは、人財マネジメント委員会と人財ステアリング・コミッティーが慎重に検討を加えていく。一部の利益を代表したり、偏った人間の評価を基準にすることがないように、オールオリンパスの総意を代表して選考は下される。

二〇〇一年九月に実施された第一回の特進審査に合格した社員は、男女一人ずつの二人だった。一人は三年前から始まった学卒社員の定期採用で入社した二六歳の女性社員で、課長職を一気に駆け登って、二〇〇二年の活躍いかんでは、「二〇代の部長誕生」が噂されているキャリアウーマンである。

「中国人のキャリア観は欧米的な発想に近いので、自分自身の実力を評価されることに抵抗がありません。仕事のできる人、スキルの高い人がより高い地位に就いたり、より高給を手にすることに対して、抵抗感が少なく、年功にもこだわらない」

社員のやる気を引きだすインセンティブとしての人事施策は、ほかにもある。

特進制度とは別に、半年に一回は「NO1表彰」という表彰も行われている。こちらはチーム表彰がメインとなり、毎回一〇チームを超えるグループが表彰を受けながら、次なるNO1目標に向かってチャレンジを続けている。

コンパクトカメラμ（ミュー）シリーズは、二〇〇一年に累計出荷数が二〇〇〇万台を超えた

中国発、世界の超一流生産技術の実現

グローバルスタンダードに挑戦する中国ビジネス

二十一世紀の生産システムを見据えた生産革命を断行し、返す刀で人事革命に切り込んだオリンパスの中国ビジネス改革。第三のステージは、いよいよ新事業の創出に挑んでいった。

中国ビジネスは、次に示す三つの事業スキームで構成されている。

◆基盤事業
◆新基盤事業
◆新事業

「基盤事業というのは、オリンパスが長年培ってきた銀塩カメラやマイクロカセットレコーダーといった主力製品の生産を中心にした事業展開です。銀塩カメラは番禺と深圳の両工場でほぼ一〇〇パーセントを生産し、中国から世界の市場へと製品が供給されています」

世界におけるオリンパスの銀塩カメラシェアは二五パーセントに近づき、ライバルメーカーとトップシェア争いを繰り広げている。食うか食われるかの熾烈《しれつ》な生存競争だ。

「最近では、生産体制のネットワーク化にも注力してきました。生産拠点が集約している華南地区では、地場の協力工場とのネットワークを強化しながら、生産の総合力を向上させています」

ローカルベンダーとの生産協力関係を深めている背景には、ローカルベンダーの目覚ましい「技術力の進歩」が見逃せない。

一昔前、中国の技術力は「イミテーション生産の技術力である」と揶揄《やゆ》された時代があったが、いわゆるローテク技術に関しては、すでに「日本の国内工場レベルに匹敵する」ほど進化している。今や、磨き上げられたローカルベンダーの技術力をいかに自社陣営に取り込むかが、問われるようになったのだ。

「たしかに中国系ローカルベンダーが保有する技術力や品質、納期、価格等を含めた製造力の進歩は凄まじく、すでに日本メーカーが要求するハイレベルの品質基準を十分クリアする水準に達しています」

二十一世紀の製造業は「棲み分け分担の時代に突入する」と、オリンパスは予想す

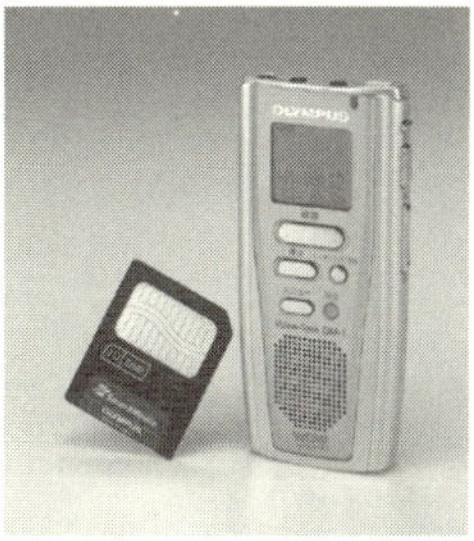

マイクロカセットレコーダで培われた技術は、ICレコーダにも継承された

る。

「より高い付加価値を創造できなければ、二十一世紀の世界大競争を勝ち抜くことはできません。オリンパスでは〝創〟と〝造〟の役割を明確に分担するグランドデザインを描いています。付加価値の高い開発能力を追求する創の役割は日本が担い、世界最高レベルのコスト競争力と世界最先端の生産技術は中国の造が追求する。そうした日中の創と造の歯車がダイナミックに回転することで、世界NO1の生産アウトプットが実現できる」

日本と中国の強みが融合することで、世界最強の生産システムが構築されていく。

さて、銀塩カメラとマイクロカセットレコーダー生産を基盤事業と位置付ける中国ビジネスは、新基盤事業としてデジタルカメラの生産をスタートさせる計画だ。

「デジタルカメラの中国生産を本格稼働させます。品質的にも、コスト的にも世界NO1のデジタルカメラを創りだしたい。生産体制だけを移管して、コストメリットを追求するような戦略では意味がありませんから」

基盤事業、新基盤事業に続く、もう一つの事業展開が、「新事業」と命名された利益創出の萌芽だ。

中国ビジネスの新事業とは、何なのか。

事業概要を初公開しよう。

(1)　基幹部品の外販

(2)　部品の組み立て加工技術の外販

(3)　下請け生産受注

基幹部品の外販とは、たとえばカメラに使用するレンズや主要部品等を製品として外部企業に販売することを指す。

自社の生産部品が外部企業から受注を獲得するためには、部品品質が市場の要求を満たす完成度を保持していなければならない。オリンパス水準がイコール世界水準でなければ、世界の超一流メーカーを顧客とする部品の外販ビジネスは成立しない。ゆえに、オリンパスが部品の外販ビジネスを成功させるためには、不良率の抜本的改革やフレキシブルな在庫管理、月次や週次のコスト管理といった一連の生産革命が不可欠だったともいえるだろう。

(2)の組み立て加工技術の外販も、自社技術を他企業に販売する点で、(1)と同じベクトル上に設定された新事業である。

「単純に部品を販売するのではなく、組み立て加工というオリンパスが持つ技術の付加価値を外販することで、新たな事業収益を生み出したい」

(3)に示した「下請け事業への参入」について、小宮はユーモラスに解説した。
「これは通称〝ダボハゼ&スッポン事業〟と呼んでいる挑戦なんです。〝ダボハゼのように捕まえてスッポンのように放さない〟という意味を込めた期待の新事業です」

オリンパスが生産拠点を構える華南地区は、台湾系や欧米系企業を先頭に、世界中の一流メーカーが集結する「世界の工場」と化している。その多種多様の進出企業から、下請け生産を受注して、幅広い事業活動を展開していこうという事業設計にほかならない。

これら次代のオリンパスをリードする三つの新事業は、新設された「製造営業部」で積極的な市場開拓が行われている。

累積赤字を積み重ねて、デジタルカメラ生産で出遅れたオリンパスの中国ビジネスは、過去の遺産を一掃しながら、一気呵成《いっきかせい》の「攻め」に転じた。守勢が攻勢に転じる分岐点には、中国のビジネス市場に拡がる無限の可能性が広がっている。

董事長・総経理として中国ビジネスの改革を断行した小宮は、二〇〇二年一月から日本に戻り、映像事業システムカンパニー長として、新たなミッションに向かって動きだしている。後任の指揮官には小宮よりも二〇歳近く若い稲冨勝彦が就任し、中国ビジネスは新たなグローバル競争の最前線に挑もうとしている。

資生堂

第4章 上位1%の高所得層を掴《つか》んだ資生堂の高級ブランド戦略

資生堂麗源化粧品有限公司 (Shiseido Liyuan Cosmetics Co.,Ltd.)	
会社所在地	中国北京市北京経済技術開発区宏達北路2号
代表者	総経理　青木　侃
設立	1991年12月
資本金	約1,140万米ドル
出資比率	資生堂　65% 北京麗源公司　35%
従業員	1,480名
生産開始	1993年11月
生産製品	スキンケア化粧品、メーキャップ化粧品、香水等
生産能力	1,600万個

化粧品製造販売:上海卓多姿中信化粧品有限公司

中国ビジネスの基本戦略を構築する

人口の一パーセントを攻略する商品戦略

一九九一年一一月、資生堂は本格的な中国ビジネスの第一歩を踏み出して、北京市麗源公司と合弁企業設立の契約を締結した。新たに誕生した資生堂麗源化粧品有限公司（ＳＬＣ、以下資生堂麗源化粧品）の資本金は四〇〇〇万元、資生堂は過半を超える六五パーセントの出資に応じる形で、中国ビジネスの橋頭堡を築いた。

資生堂麗源化粧品の主力商品は、北京工場で現地生産されている中国専用ブランドの「オプレ」（ＡＵＰＲＥＳ）である。オプレはスキンケアを始め、メーキャップから香水までの九六品目・一七一品種を擁するプレステージ化粧品として、市場のプレゼンスを確立している人気ブランドだ。

中国の化粧品市場は、価格帯別に明確なセグメンテーションがなされている。市場の最上位に君臨するのが、ハイ・プレステージブランドとして中国人女性を魅了する輸入品ブランドである。

ハイリッチな女性に人気のオプレDX

メイクアップ化粧品の代表的商品である口紅を例にとって、中国化粧品市場のセグメンテーションを少し分析してみよう。

中国市場の頂点を寡占しているハイ・プレステージ商品の価格帯は、二〇〇元*から二五〇元。日本円に換算して三〇〇〇円から三七五〇円に相当する価格帯で、平均給与水準が八〇〇元から一〇〇〇元(日本円換算で一万二〇〇〇円から一万五〇〇〇円)という中国人女性にとって二〇〇元の口紅は、月収の四分の一に相当する「憧れの超高級化粧品」にほかならない。

資生堂は、このハイ・プレステージ・カテゴリーに、グローバル展開する「SHISEIDO」(一四五品目、一八五品種)を市場投入している。平均単価が約三〇〇元という極めて高価な商品なので、一般的な中国人女性が日常的に愛用できる化粧品としては、残念ながら手が届かない。

ハイ・プレステージに続くのがプレステージブランドである。セカンド・ブランドといっても、価格帯が平均月収の八分の一に相当する約一〇〇元(日本円換算で約一五〇〇円)の化粧品も、まだまだ「使う化粧品」というよりも「使ってみたい化粧品」といえるだろう。

資生堂麗源化粧品が現地生産で市場投入しているオプレは、まさにこのプレステー

*一人民元は、約一五円(二〇〇二年一月末現在)。

●中国化粧品のブランド構成

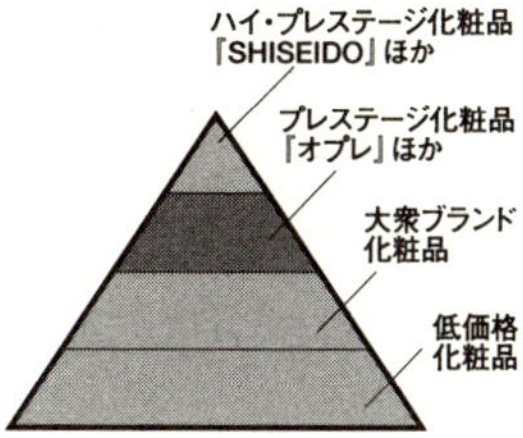

ジゾーンを攻略する戦略的な高級ブランド商品になる。

資生堂麗源化粧品の初代総経理として中国ビジネスの揺籃期を統括した鳥海康男（現台湾資生堂・副董事長）が、オプレのブランド構築と価格戦略を概括する。

「オプレは、市場投入してから平均単価一〇〇元という価格政策を、一貫して継続しました。安易に値下げも、値上げもせずにプレステージブランドとしての商品価値を高めながら、着実に固定客を積み上げてきた」

このハイ・プレステージとプレステージゾーンを追随するのが、多種多様の合弁企業が製造する大衆ブランド商品だ。商品の平均価格は約五〇元（日本円換算で約七五〇円）に下がり、かなりリーズナブルになるが、大衆化粧品といえども平均月収の一六分の一に相当する価格は、衝動買いができる範囲ではない。月収が手取り一六万円の日本人ＯＬが、「一万円の口紅」を購入する感覚といえる。

そして、最も大衆的な価格帯を形成しているのが、中国全土で「数千社がひしめく」といわれる国有メーカーの化粧品である。中国化粧品市場の裾野に広がる低価格化粧品は、一五元から二〇元（日本円換算で二二五円から三〇〇円）という価格帯で販売され、店頭を賑わせている。

平均月収の比較に置き換えると四〇分の一という価格水準なので、仮に一六万円の月収であれば、四〇〇〇円の口紅を買い求める価格イメージになる。一本四〇〇〇円の口紅が「低価格商品か否か」の議論はひとまず置くとして、現在の中国人女性にとって化粧品という消費財が、今なお「特別な価値を持つ商品」であることは、言うまでもない。

さて、視点を再び資生堂麗源化粧品に戻そう。

このようなブランド・カテゴリーにセグメントされている中国の化粧品市場において、資生堂麗源化粧品はあえて、プレステージブランドの市場投入を決断した。

なぜなのか。

鳥海が、創業当時の商品戦略を繙《ひもと》いた。

「資生堂が中国市場に参入する際に構築した商品戦略は、徹底した差別化戦略でした。化粧品ユーザーという対象をマスで捉えるのではなく、外資系企業に勤務するOLをイメージリーダーに設定して、その人たちにご愛用いただく商品戦略を描いていったのです」

外資系企業のOLというイメージを換言するならば、「人口の約一パーセント」に位置する「アッパークラスの高額所得者」ということになる。

あえて、大消費群を形成しているマスの女性を切り捨てて、極めて限定した商品ターゲットを選択した理由は何なのか。

資生堂麗源化粧品がフォーカスする中国ビジネス戦略の核心に迫っていきたい。

条件付きの合弁企業設立承認

それは一九八八年のことだった。

資生堂本社内に通称「中国プロジェクト」と呼ばれる事業化検討プロジェクトが設置された。前年の八七年には中国ビジネスの推進に理解が深い福原義春（現名誉会長）が社長に就任し、事業化検討の環境は整いつつあった。

事業化への誘い水を投げかけてきたのは、北京市だった。資生堂と北京市の結びつきは長く、深い。八〇年、外国部長であった福原が中国における商品の販売と生産技術協力による現地生産に端緒を開いて以来、資生堂は慎重に事業化の階段を上っていった。

当時、福原に付されていた対中ビジネスミッションは、次の二点に集約される。

一つは、資生堂化粧品の販売である。今でいう、ハイ・プレステージの輸入化粧品を、首都・北京で販売しようという試みである。

なぜ、北京なのか。

その理由は、次のような事情と深く結びついている。

八〇年代初頭、ヨーロッパ諸国から日本に赴任した外交官は、日本での任期を終えると次なる任地として、中国の北京へ向かうことが少なくなかった。そうした中国赴任の外交官夫人が、日本で使い慣れた資生堂化粧品を「北京で買い求めたい」という声を寄せたのである。

一九八一年、需要に後押しされる形で資生堂は友誼商店や北京飯店といった北京市内の代表的な大型商店やホテル九店で、約六〇種類の化粧品、石鹸、歯磨きなどの販売を開始する。

そして、もう一つの事業ミッションが現地生産へのアプローチだった。

一九七八年一二月の共産党中央委員会において改革・開放路線を決定した中国は、経済体制の大改革に歩みだした。翌七九年には「中外合資経営企業法」を制定、外資との合弁企業設立*に道を開いた。外国から広く資金を導入し、先進的な生産技術を学習する手段として、中日の企業体が共存共栄しながら手を結ぶことが可能な合弁企業政策を打ち出したのである。

北京市から資生堂に技術協力の打診があったのは、そうした改革・開放路線の動きと軸を一つにしている。北京市は資生堂から最先端の化粧品生産手段を学習し、自ら

＊合併企業設立は規制緩和が進み、中央政府の承認事項が少なくなってきた。

の「競争力を強化する」という期待を胸に秘めていた。

一方、資生堂にしても先行していた台湾ビジネスを睨みながら、改革・開放路線の旗を掲げた大国の「現実と可能性」を手探りで確かめたいという思惑があった。

一九八三年、双方の期待と不安が交錯する中で、資生堂は大きな選択をする。中国の乾燥してほこりっぽい気象条件に着目して、シャンプーとリンスを中心にしたヘアケア製品製造の「第一次生産技術協力協定」に調印。現在に続く、中国ビジネスの第一歩を歩みだす。

その後、資生堂は一九八五年に第二次生産技術協力協定を締結し、メーキャップ化粧品やスキンケア化粧品の生産、販売にも乗り出していった。

「生産技術協力は第四次まで継続して、一九九一年に合弁企業設立へと進んでいきました」

こうして中国ビジネスの足跡を追いかけていくと、冒頭に記した「一九八八年」という年で、視線は停止する。この年に起こった資生堂と中国を巡る動きに注目してみたい。

まず特筆したいのは、中国プロジェクトの始動だ。プロジェクトのスタートによって資生堂は、対中ビジネスの新たな領域に踏み込む可能性を表明したことになる。

第二の注目点は、第三次生産技術協力の締結により、高級ヘアケア製品の生産が開始されたことである。化粧品の事業性と生産体制の確立を一歩一歩積み重ねながら、資生堂の化粧品技術は中国パートナーへ着実に根付いていった。

中国プロジェクトの始動と生産技術協力の進化。

この両者がクロスする交点には、中国政府が推進する改革・開放への揺るぎない前進があった。

外国の資本と技術を導入する手段として、合弁企業政策を推進した中国政府は一九八六年、外国資本の一〇〇パーセント子会社である独資企業を認め、八八年には合作企業も承認していった。

つまり一九八八年は、改革・開放路線の象徴である合弁、独資、合作という「三資」の企業形態が、すべて勢ぞろいしたエポックメイキングな年なのである。日本を含めた外国資本にとっては、対中ビジネスをより有利に展開する企業経営のインフラが整ったことで、新たな事業展開のチャンスが巡ってきたことを意味した。

ただし……。

すでに七年に及ぶ学習期間を積み重ねてきた資生堂は、一気に高まった中国ビジネス機運を横目で眺めながら、極めて現実的な経営判断を下していた。

一九八八年、北京市から合弁企業設立のオファーがあった資生堂は、合弁企業化の可能性も含めてもう一度精緻な事業化検討を行う方向で動きだした。

中国ビジネスの将来性を検討するプロジェクトのリーダーには鳥海が就任。さっそく合弁企業化の可能性を探って、ＦＳ（フィージビリティ・スタディー、事業化調査）がスタートした。

ところが、プロジェクトが動きだした直後の八九年六月、天安門事件が勃発。経済改革のうねりは、一転して厳しい国際政治の渦に巻き込まれていく。

この事件を契機にして、中国プロジェクトの空気も一変した。事件前は、ニュートラルな立場から合弁事業の成否を検討するという意思統一がなされていたが、事件の勃発により、「事業化リスク」を指摘する声が支配的になっていった。

プロジェクトの動きを正常化するには、時間が必要だった。約六カ月間、一切のプロジェクト活動は停止し、中国初の証券取引所が上海に開設された九〇年を迎えて、ようやく活動は再開した。

翌九一年上期には、合弁企業の設立に向けて具体的な契約内容の分析が行われ、資生堂として最終的な事業化判断を下さなければならない瞬間が迫っていた。

一九九一年九月、取締役会の議案に中国合弁企業設立案が上程された。

テーブルを囲んだ役員の判断は、大きく揺れた。

約三分の一は合弁企業設立の容認派、約三分の一が反対派、そして残りの三分の一が賛否いずれも決めかねる中間派となった。

しかも、賛成派役員とて積極推進派は皆無で、「将来のために布石を打っておくことも大切」といった消極的な賛成派がほとんどという空気だった。

通常こうした状況では、事業のリスク管理が十分コントロールできる保証のない未知の海外新規事業が承認される可能性は低い。最悪の場合は議案の否決、よくても事業化検討の継続がぎりぎりだろう。

ところが、取締役会が下した結論は事業化の「GOサイン」であった。例外的な結論が下された背景には、それまでの一一年に及ぶ北京市との友好・信頼関係や、推進派の中心に社長の福原がいたことがある。

福原は自らがイニシアチブを執った長い中国ビジネスの経験の中で、ときに拙速な事業化を希望する北京市当局者とタフな交渉を重ねながら、ビジネスの芽を育ててきた。第一次生産技術協力を締結する際、シャンプーとリンス以外の生産品目を要求する北京市に向かって福原は「百年の計」を説き、「事を急ぐ」過ちを何回も説得した。

急がず、されど諦めず。

中国ビジネスの合弁企業設立案件は、取締役会における福原の「中国も合弁事業に関してはとても期待しているようだし、これから将来のことも考えて事業化を進めてください。ただし、中国での事業展開はリスクも少なくないので、いざとなったらいつでも退けるようにしておいてください」という発言をもとに承認された。

「積極的に合弁事業を推進せよ。ただし事業撤退の準備と判断は誤るな」

トップから指示された中国ビジネスの「基本原則」が、ベンチャー事業の扉を開いていった。

市場創造成功の要諦は何か

一九九二年一月、資生堂麗源化粧品の初代総経理となった鳥海康男は、北京に赴任した。初の中国専用ブランドとなるオプレの現地生産までの準備期間は二年間。北京経済技術開発区*に工場を建設し、生産ラインを整備して、未知の市場を切り開く製品を作りださなくてはならない。

事業化に猶予はなく、やるべき課題は山積していたが、アクセルとブレーキを同時に踏まなければならない鳥海の胸中は、依然として揺れ動いていた。

オプレ事業の基本戦略は、すでに策定されていた。メーキャップの主力商品に育て

＊中国政府は外資の対中進出を促す手段として、四つの経済特別区に加え、各地方の経済技術開発区政策を推進していった。経済技術開発区では、税制や、道路、電力、通信等のインフラ整備など、さまざまな優遇処置が受けられる。

る口紅の価格は、三五元。「高級ブランド」のポジショニングを確保しながら、価格帯は幅を持たせた。

大衆化粧品の価格帯から、アッパーミドルゾーンまで幅広くカバーする高級ブランド化粧品。それが、オプレの事業戦略だった。

ところが、資生堂麗源化粧品はオプレの平均価格を思い切って三倍まで引き上げる、途方もない戦略を打ち出すことになる。

アクセルとブレーキを同時に踏む不安定なドライビングをしていた資生堂麗源化粧品に、いったい何が起こったのか。

「中国に赴任して、しばらくすると〝ちょっと違うな〟と思い直す機会が増えていきました。日本にいて中国市場を分析すると、一三億の国民が生活する巨大市場が存在し、決して高いとはいえない平均給与水準が見えてくる。そうしたデータを冷静かつ客観的に分析すれば、資生堂が狙う高級ブランド・ビジネスは〝まだまだ時期尚早ではないか〟という事業化方針が下される。ところが実際に北京の街を歩いてみると、街行く女性の一〇〇人に数人は新しいファッションに敏感で、おしゃれを楽しんでいるということが分かったのです」（鳥海元総経理）

中国では、逞しい経済成長とともに「消費構造の大変化」が起こりつつあった。

「豊かになれる者から豊かになればよい」

中国では、改革・開放路線の最大の推進者である鄧小平が広東省を視察した「南方講話」が行われ、以後二桁の経済成長を突っ走っていった。外国資本の猛烈な投資ブームが巻き起こり、企業は先を争うかのように未知の大地を狂奔していったのである。

一九九二年一〇月、共産党大会において高らかに「社会主義市場経済」が宣言されると、改革・開放路線はさらに加速していく。

そうした社会情勢のなかで「豊かなになった」一部の国民は、徐々に可処分所得を増やしながら、新たな消費生活を享受するようになっていった。北京では、香港や台湾を闊歩するような「ニュー・リッチ」とも呼べる女性が出現していた。

中国市場における「変化の胎動」を察知した鳥海に、さらに衝撃的な情報が飛び込んできた。

「資生堂さんに是非、ご出店をお願いしたいのですが……」

一九九一年五月、二社の外資系百貨店が資生堂麗源化粧品を訪ねてきた。一社はマレーシア系のケリーという百貨店で、もう一社が日系のヤオハンだった。

「実は、九二年末に北京で百貨店を開店しますので、資生堂さんとお取引をお願いしたいのです」

百貨店幹部は、出店を促した。

鳥海は、思いも寄らぬオファーを受けて躊躇する。

「お話は大変ありがたいのですが、当社はこれから二年間をかけて生産体制を整備し、商品の市場供給は、九五年からとなります。今年の暮れの出店は、商品が間に合いません」

百貨店幹部に自社の事業計画を説明すると、再び「耳を疑う」ような声が返ってきた。

「いや、御社の新ブランド商品ではなく、資生堂さんの輸入化粧品を販売する店舗を、ご出店していただきたいのです」

この一言を聞いて、鳥海は驚愕した。

「えっ……」

資生堂麗源化粧品が事業化を描いていた化粧品は、アッパーミドル層をターゲットにした高級ブランド商品だった。口紅が三五元という価格設定である。

ところが、八一年から北京の大型商店や有名ホテルで販売を開始した「SHISEIDO」ブランドの輸入化粧品は、高率関税の影響を受けて口紅一本が二八〇元となっていた。

三五元の口紅でさえ市場の購買力を心配しているのに、三〇〇元近い口紅をいったい誰が買うというのか。

資生堂の「輸入化粧品を販売したい」と申し入れてきた百貨店幹部の思惑は、資生堂麗源化粧品の「理解の範囲」を超えていた。

しかし、出店交渉を重ねた資生堂麗源化粧品は、最終的に出店を決意する。九五年からオプレを市場投入する前の「販売実習」として、マーケットリサーチを兼ねた出店だった。いわば、アンテナショップである。

ところが現実は、予測をはるかに超えていた。

「正直、本当に売れるのかな?という気持ちでした。近い将来オプレを販売する際の前宣伝やビューティーコンサルタント（以下ＢＣ）の訓練ができれば大成功くらいの気持ちで新規出店に応じたのですが、現実は見事に裏切った」

疑心暗鬼で臨んだ輸入化粧品販売が、蓋を開けてみると「飛ぶように売れてしまった」のである。

購買客も、実に多様だった。中高年夫人を中心に、中には三〇代くらいのＯＬの姿も見られた。購買動機も個人ユースから贈答まで幅広く分散していた。

最高級ブランドに君臨するSHISEIDO

オプレの商品化戦略は根底から構築し直さなければダメだ。資生堂が新たなブランド構築に乗り出すのは、今をおいてほかにない。

市場を見渡すと、当時三〇〇〇社と推計された合弁および国営メーカーの大半は、ミドルクラス（大衆化粧品）以下の市場を対象にマーケティングを展開していた。激烈な販売競争を繰り広げている大衆市場の遥か上には、ＳＨＩＳＥＩＤＯと同じく直輸入された最高級ブランド化粧品が君臨し、市場は完全に二極分化していた。

今がチャンスだ。

輸入品と大衆品の間を埋める高級ブランド化粧品が「空白地帯」になっている。先手必勝で空白地帯にオプレブランドのプレゼンスを構築すれば、中国の化粧品市場を制することができる。

電光石火の「戦略大改革」が断行されていった。

三五元を想定していた口紅の価格は一気に九〇元へ引き上げられ、平均価格は「一〇〇元」に設定された。三五元の口紅を求める購買者と九〇元の商品を欲する購買者は、明確に消費性向が異なる。換言すれば、価格設定を三五元から九〇元に変更した時点で、オプレは「マスの購買者を捨てた」ことになる。

オプレブランドの愛用者は、「所得層の上位一パーセント」に位置するアッパーミドル層に絞り込まれた。

こうして資生堂麗源化粧品は、現在に続くオプレ事業の基本戦略を再構築していった。

企業が新規事業に打って出る際、事業戦略の策定は、極めて重要な意味を持つ。いざ事業が立ち上がって走り出したとき、戦術の再構築は可能だが、戦略を描き直すことは事実上、不可能だからである。

そうした事業展開の現実を理解すると、資生堂麗源化粧品がたどった戦略構築までの紆余曲折には、非常に重要な「成功ノウハウ」が示唆されていることに気づく。

キーワードを示そう。

《マーケティングは現場にあり》

資生堂が中国で合弁事業を展開するまでには、一〇年間を超えるビジネスの蓄積があった。商品販売からスタートして生産技術協力を積み重ね、モノ作りのノウハウと営業および販売のノウハウを蓄積しながら中国市場の「現実」を定点観測していった。

そうした周到な準備期間を経て合弁事業に駒を進めた資生堂だったが、九〇年代初頭に起こった中国市場の「激動」を、正確に読み切ることはできなかった。「中国市場」に精通しているという固定観念が、市場の片隅で起こっていた新たな「予兆」を覆い隠してしまったのである。

対中ビジネスの場合、政治体制の違いや経済諸制度の相違により、市場観察がどうしても統計や評論、マスコミ記事といった資料分析に偏重しがちになる。

だが、そうした一見客観的に思える分析にこそ、事業化の陥穽が潜んでいる。「マーケティングはつねに現場にある」という大原則を、対中ビジネスの推進者は肝に銘じておく必要がある。

もう一つ、極めて重要な示唆がある。

《事業化対応の柔軟性を失わない》

現実は、つねに動いている。市場分析と現実の乖離を認識した資生堂麗源化粧品は、すでに走り始めていた事業化戦略を勇気をもって白紙撤回し、果敢に戦略の再構築を決断した。経営判断においていささかのロスもない、見事な意思決定である。

この「柔軟な対応と決断」が、資生堂の中国ビジネスを成功に導いた。

歴史解釈と事業結果に「もし」は禁句であるが、もし資生堂麗源化粧品があの時点で戦略の大転換を断行せずに、マス・マーケティングの波にのみ込まれていたら、中国ビジネスの展開も大きく違っていたに違いない。高級ブランドの構築に失敗し、価格戦争という消耗戦に企業体力を疲弊させ、「事業撤退」の悪夢さえ襲いかかってきたはずだ。
資生堂麗源化粧品が挑んだ「市場創造のドラマ」は、現場発のマーケティングと柔軟な経営判断の大切さを雄弁に教えてくれている。

中国市場で成功する商品戦略の条件

商品の差別化とブランドが進化する条件

二〇〇〇年八月の北京市場を分析した興味深いデータ（新華社通信調べ）がある。猛烈な勢いで市場が拡大*し、昨日の勝者が今日の敗者となる北京市場において、化粧品シェアはどうなっているのか。さっそくシェアの「ベスト一〇」を、明らかにしたい。

一位　オプレ＝シェア一四・八一パーセント
二位　ＯＬＡＹ（Ｐ＆Ｇ）＝同六・九〇パーセント
三位　ＳＨＩＳＥＩＤＯ＝同五・五三パーセント
四位　ＳＫ―Ⅱ・（マックスファクター）＝同五・四六パーセント

＊五二五〇億円（二〇〇〇年）に成長した中国の化粧品市場は、今後一〇年で一兆二〇〇〇億円規模に膨らむと予想されている。

五位　羽西＝同四・一一パーセント
六位　ロレアル＝同三・九〇パーセント
七位　メイベリン＝同三・八四パーセント
八位　クリスチャン・ディオール＝同三・五三パーセント
九位　エスティーローダー＝同二・五九パーセント
一〇位　海琳娜＝同二・五一パーセント

シェア状況を概括してすぐに理解できることは、トップのオプレのみが二桁のシェアを獲得していることである。オプレのシェアは一五パーセントを臨むポジションにまで成長し、第二位のOLAYを圧倒的に引き離している。

三位には日本からの直輸入化粧品であるSHISEIDOが猛追。トップのオプレと「共闘」して、OLAYを挟撃している。

事実、オプレの快進撃は凄まじい。一九九四年に発売されて以来、年平均一四六パーセントという驚異的な売り上げ拡大を達成してきた。業界調べによると、二〇〇〇年には店頭での売上額が五〇億円に迫るものと見られ、二〇〇二年は「一〇〇億円」の大台を突破すると予想されている。

では、どうしてオプレは激動する中国化粧品市場で「一人勝ち」を実現できたのか。

商品戦略の核心を解剖していこう。

「オプレの化粧品戦略の基本は二つのベクトルによって構成されています。一つはスキンケアからメーキャップまでの総合ラインナップで、もう一つがブランドカテゴリーを上位に伸ばしていくセレクティブ戦略です」（マーケティング本部・グローバルマーケティング部、山田正人）

オプレの商品構成には、大きな特色がある。総合ラインナップを形成しているといっても、商品構成の約七〇パーセントはスキンケアの基礎化粧品が占めている。「スキンケア重視の商品構成」が、資生堂麗源化粧品の「差別化戦略」にほかならない。

差別化のポイントは二点だ。

まずは、欧米系メーカーとの商品差別化である。資生堂麗源化粧品と市場で火花を散らす欧米系メーカーは、口紅やアイシャドーといったメーキャップ中心の商品構成を打ち出している。日本人の感覚からすると色彩のコントラストが強すぎるようにも感じるメーキャップをアピールして、若い中国人女性の美を演出している。

一方、資生堂はライバルメーカーのドメインに引き摺りこまれることなく、自らの「強み」を徹底的にアピールする戦略を選択した。創業以来、日本における化粧品史とともに歩んできた基礎化粧品の開発力を武器に、独自の「スキンケア・ブランド」を創造していった。

クオリティーの高い商品を開発し、商品知識はもちろんのこと、肌に関する専門的な知識と高度な化粧技術を習得したBC*が、顧客一人ひとりの肌にマッチした基礎化粧品をカウンセリング販売する。そうしたカウンセリング・ビジネスのノウハウが、「資生堂の強み」にほかならない。

もう一つの差別化は、中国人女性の化粧ニーズ分析から導きだされた。

中国では、長い歴史を経るなかで「肌の美しさ」が、女性たちのステータスだった。「白い肌」、「透明な肌」、「艶のある肌」、「張りのある肌」、「木目の細かい肌」といった理想の肌の形容が、中国人女性の会話の中へ、自然に溶け込んでいる。

乾燥してほこりっぽい中国では、日本以上に肌荒れを起こしやすい。肌荒れで悩んできたのは女性のみならず、男性も決して例外ではなかった。資生堂麗源化粧品は二〇〇一年に、男性化粧品市場への参入も果たしたが、一昔前は女性用の乳液を男性が「お忍び」で使うほど、肌の荒れは悩みの種だった。

ところが、肌荒れを防いで良質な肌を保つには日常的なスキンケアが不可欠で、相応の支出も必要となる。ごく一部の限られた階層に所属するエスタブリッシュメント

＊BCの実力は、年一回開催される技能コンテストで磨かれる。メイクアップ技術、スキンケア技術、論文など、日本国内同様多岐にわたって厳密に審査される。

を除き、改革・開放政策で社会主義市場経済が導入されるまでは、日常的に十分な化粧品支出を負担できる国民は、決して多くなかった。行き届いたスキンケアは、「富」の象徴でもあった。

ゆえに、「艶のある白い肌」は女性にとって「憧れ」そのものであり、艶のある白い肌になることが「最高の自己実現」と願う女性も多かった。

その中国人女性の憧れに、資生堂麗源化粧品は「スキンケアのスペシャリスト」として切り込んでいった。ワンラインでスタートしたスキンケア商品だったが、一九九五年五月には白い肌や透き通る肌をイメージ訴求する「ホワイトライン」を新開発した。

さらに九九年一一月、張りのある肌を訴求する最上級カテゴリーの「ＤＸライン」を新規投入することで、ライバルメーカーの追随を許さない「スキンケア商品の独占シェア」を獲得していく。

ここまでの商品戦略で示唆されているポイントは、次の一点に集約される。

《商品戦略は強みに特化する》

資生堂はすでに市場が確立されていたメーキャップの高級ブランド路線を追随することなく、自社の強みに特化した商品戦略を打ち出して新たな市場を創造し、市場の

「独占」を果たした。安易に既存市場の競争に飛び込まない勇断が、ブランド創造に極めて有利な展開をもたらしたのである。

資生堂麗源化粧品の商品戦略には、後発企業が市場参入する際の、重要なノウハウが教示されている。市場参入はブランド構築の手段であり、市場でプレゼンスを獲得できるか否かは、参入前に構築する商品戦略に決定的な影響を受ける。

市場への参入が目的化してしまい、参入後のブランド展開で躓かないためにも、商品戦略の重要性を再確認してもらいたい。

続いて、商品の差別化とともに推進されてきたセレクティブ戦略を分析していこう。未知の新市場に、まったく新しい商品ブランドを創造したオプレは、平均価格一〇〇元のプレステージブランドを育てていった。

一九九四年、オプレは八〇元から一四〇元という価格帯を設定して新規市場参入を図った後、一四〇元から二六〇元の商品構成をもつオプレDXブランドを開発。プレステージから最上位のハイ・プレステージに食い込む商品ラインナップを築いていく。DXの投入で、オプレブランドの価格帯は八〇元から二六〇元（三〇〇元の限定口紅も商品化されている）にまで拡大し、高級ブランド領域全体を狙い撃ちする商品ラインが完成した。

「オプレはプレステージ市場の先駆者であると同時に、プレステージ市場そのものを拡大していったのです」（マーケティング本部・グローバルマーケティング部、木下周）

ここに、もう一つの教訓が読み取れる。

《ブランドは一定のカテゴリーで育成されて、進化する》

オプレのブランドポジションは、高級ブランドの域を決して飛び出すことはない。ブランドは一度イメージが定着してしまうと、容易にスクラップ&ビルドができない。上へ上へとオプレがブランドポジションを広げることができたのは、最初のポジショニングで、「高級ブランドとしての認知」を獲得したからである。もしオプレが大衆化粧品ブランドであったら、ブランドポジションをプレステージやハイ・プレステージに引き上げるのは、至難の業だったに違いない。

中国市場で新たなブランド構築を目指す企業は、資生堂麗源化粧品のブランド創造が優れたテキストとなるはずだ。

ブランド構築の統一性と横串広告のメリット

「あなたがお使いのスキンケア化粧品は、どのような効果がありますか」

「お肌のお悩みは何でしょうか」

資生堂麗源化粧品のマーケットリサーチが、ライバル化粧品のユーザーに問いかける。同社は、毎年一回定期的に実施するマクロのリサーチとオプレやライバル化粧品のユーザーを対象に行うミクロのリサーチを通じて、市場のナマの声をつねに吸い上げてきた。

これらのマーケットリサーチの目的はどこにあるのだろうか。

さっそく、マクロリサーチの狙いから分析していこう。

毎年一回、北京、上海、大連、成都などの主要都市で「定点観測」されるマクロリサーチの目的は、ずばり「ブランド認知度」の現状把握にある。

オプレブランドは、漢字では「欧珀莱」、アルファベットでは「AUPRES」と表記されている。

オプレが中国専用ブランドである以上、市場で漢字によるブランド表記が浸透するのは当然だが、資生堂麗源化粧品のブランド戦略は「アルファベット表記のブランドイメージを向上させる」思惑がある。オプレにとってライバルブランドとは、あくまでもハイ・プレステージ市場で戦う欧米の一流化粧品ブランドという強烈な自負があるからだ。

したがって、アルファベット表記の認知度を上げることは、今後のブランド戦略にとって、非常に大きな意味を持っている。

気になる現在のブランド認知度は、このような状況にある。

漢字表記の認知度＝約六〇パーセント

アルファベット表記の認知度＝約二〇パーセント

任意に抽出した一〇〇〇人の中国人女性のうち、六〇〇人は漢字のオプレを知っているが、アルファベットのブランド名は二〇〇人しか知らないという現状だ。

「オプレは上の市場に伸びながら、自らのブランドを構築しましたので、目線はつねに上にあります」

中国専用ブランドというプライドを抱き、一流ブランドとしてのグローバル・バリューを追求するオプレにとって、ブランド認知度の動向は、重要な戦略データである。

次にミクロの市場リサーチだが、こちらの目的は商品開発と密接に結びついている。設問内容もより具体的になり、中国の化粧品ユーザーがどういう現状にあり、何に不満を抱き、どのような化粧品を求めているのかをストレートに把握し、新商品の開発データとして分析する。ミクロのリサーチは、とくに新商品の開発や発売に合わせて行われることが少なくない。

オプレのブランド構築をさらに深く掘り下げて検証していこう。

中国の店頭に行って注意深くオプレ商品を観察すると、意外な発見をする。

たとえば口紅を手に取ると、パッケージの表面には、一切漢字表記が使用されていないことに気づく。最上部には「ＡＵＰＲＥＳ」というアルファベットのブランド表記があり、上部に「ｅｖｅｒ　ｌａｓｔｉｎｇ　ｌｉｐｓｔｉｃｋ」と商品名が書かれ、下部には資生堂のアルファベットのブランドロゴが表示されている。

オプレの口紅を初めて手にした中国人女性は、これがどこの国のメーカーが製造した化粧品なのかが分からないだろう。

アルファベットで統一されたパッケージの表面をくるりと裏返すと、裏面には漢字表記のブランド名や商品名が太字で印刷され、英文とともに示されている。

まったく対照的なパッケージの表と裏の表情は、いったい何を意味するのか。

実は、商品パッケージに見られるような「アルファベット表記の徹底」は、オプレやＳＨＩＳＥＩＤＯブランド商品を販売する店舗デザインにも共通している。

「オプレの店舗では、お客さまの視界に入る場所に漢字表記のデザインは、ほとんどありません。ブランド名も商品も、すべてアルファベット表記が店舗の顔になって

●オプレの販売店舗数の推移
（業界資料による）

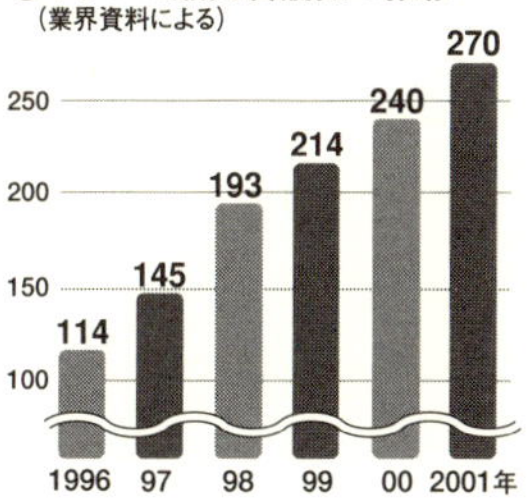

います」

オプレの店舗デザインは全店共通のデザインコンセプトが貫かれており、主要店を出店させる場合は、社内の店舗デザインを担当するクリエイティブ本部・スペースクリエイト部に所属するチーフクラスのデザイナーが現地に飛んで、統一デザインを詳細に作り上げていく。

オプレは現在、七八都市・約二七〇店舗の百貨店とGMS（ゼネラル・マーチャンダイズ・ストア）を中心に販売されているが、そのうちの約九〇パーセントで「インストアシェア№1」の金字塔を打ち立てている。一つの百貨店には数多くの化粧品ブランドが出店しているが、インストアシェア№1というのは、売上額№1に君臨するブランドの「勲章」にほかならない。

オプレブランドが、九〇パーセントを超えるインストアシェア№1を達成している現実を別角度から検証すれば、「№1を達成できる空間にしか出店しない」という強烈な出店戦略が透視できる。百貨店ならば百貨店の格や客筋、出店している他ブランドの格、さらには資生堂麗源化粧品が求める店舗デザインの要求などがすべて満たされる空間にのみ、オプレ化粧品はディスプレーされる。

オプレが出店する店舗空間は、「柱巻き一本」が原則だ。百貨店の化粧品店舗は、大きな柱を中心に四面を活用することが少なくないが、柱巻き一本というのは柱の四面をすべてオプレブランドで占有する店舗デザインになる。

中には、柱の四面をすべて別々のブランドが使用し、柱の側面ごとに一列のショーケースが四ブランド並んでいる空間もあるが、オプレはブランド訴求条件が不利な出店を拒絶する。空間の確保、商品ロゴの位置、商品ディスプレーの仕方など店舗デザインに関する詳細なコンセプトを積み上げながら、オプレのブランドイメージは訴求されている。

商品パッケージ、店舗デザイン、そしてポスターデザインにおいても、アルファベット表記が主役だ。

「これだけアルファベット表記を重視すれば、すべてアルファベットで統一すればよいという考えもありますが、アルファベットだけでは読みにくいというお客さまもいらっしゃいますので、漢字表記を付記しています」

では、オプレにとって漢字表記とは何なのかと問うと、次のようなユニークな応えが返ってきた。

「漢字表記は、日本語でいうところの振り仮名ですね」

アルファベット表記を重視したオプレの店舗やポスターデザインは、ブランドを立ち上げた一九九四年から一貫して、推進されてきた。

さらに、広告においても一貫したイメージ訴求が行われている。

「オプレのシーズン商品やスキンケア商品、さらにＤＸなどの広告展開も、基本デザインはすべて共通しています」

広告デザインの構図は、左側にイメージキャラクターなどのビジュアル写真を配し、右側に商品のキャッチコピーとＡＵＰＲＥＳの商品ロゴ。すべての商品広告は、この基本デザインをベースに制作されている。

広告に起用するイメージキャラクターの選定も、極めて戦略的だ。

現在、オプレのイメージキャラクターにはＮＨＫドラマや映画、ＣＦで活躍する人気女優の仲間由紀恵が起用されている。仲間はイメージキャラクターとして二代目になるが、初代のキャラクターも日本人だった。

中国市場向けの商品をＰＲするのに、どうして日本人を起用しているのだろうか。

直截に問うと、このような応えが返ってきた。

「中国は国土が広く、多民族社会ですので、中国人の女優やタレントも地域によって人気度ががらりと違ってくるんです。たとえば北京で人気のタレントは上海では支持されないとか、上海で人気の女優が広東では人気がないといった現象もあります」

写真右・JSのイメージキャラクターは香港の人気俳優イーキン・チェン
写真左・オプレ男性化粧品ラインのJSブランド

中国の各地域で幅広い支持を得られるイメージキャラクターとして日本人を起用した資生堂麗源化粧品は、二〇〇〇年一〇月に初めて男性化粧品に打って出たとき、香港の人気俳優である鄭伊健（イーキン・チェン）を起用することで中国全土に横串を通すような幅広いイメージ訴求に成功した。国内で横断的なイメージを訴える「横串作戦」である。

　このように極めて洗練された手法で展開されている商品パッケージから商品広告までの戦略は、オプレのブランドイメージ構築に大いなる効果を発揮してきた。

「オプレは、まったく新しいブランドとして市場に誕生しましたので、ブランドが狙うハイ・イメージを定着させるために、すべてを〝固定化〟する訴求を徹底させました。平均価格も一〇〇元に固定し、商品パッケージや店舗デザインのコンセプトを統一して、広告の基本デザインまで一貫させながら、オプレブランドを市場に浸透させていったのです」

　オプレのブランド戦略から、再び教訓をクローズアップしてみた。

《ブランド構築はトータルに推進する》

　特筆できる重要なポイントは、イメージ訴求の「トータル性」だ。自社が狙うブランドイメージを固定化するために、商品から店舗デザイン、広告に至るイメージ訴求を統一して展開する取り組みは、多様なビジネスに応用できる。

しかも統一したイメージ訴求は、一過性で終わらせるのではなく、長い時間をかけた継続性が大切になる。消費者は繰り返し繰り返し、同じイメージで訴えかける商品や広告を視認していくうちに、ある一定のイメージを「記憶」していく。その統一性と継続性が、揺るぎないブランドイメージ構築に結びつくのである。

トータル性という視点で観察すれば、マーケティングポリシーにおける「ハイクオリティ、ハイイメージ、ハイサービス」という「三ハイ」の統一も見逃せない。商品のハイクオリティ志向がグローバルに通じる中国の専用商品を誕生させ、プレステージブランドを創造するブランド戦略がハイイメージを訴求する。さらにカウンセリングを中心にした個のサービスがハイサービスを提供する三ハイマーケティングが、中国ビジネスで展開されている。

こうしたマーケティングポリシーを具現化するマーケティング拠点が、北京と上海に開設されている〈ビューティーセンター〉である。

「ビューティーセンターは会員専用に開放されているサービス拠点で、カウンターチーフクラスのBCが、カウンセリングから美容セミナーに至るハイサービスをご提供しています」（資生堂アジアパシフィック　井本隆之）

センターでハイサービスを受けるためには、オプレで二〇〇〇元、ＳＨＩＳＥＩＤＯで三〇〇〇元の商品購入実績を積まなければならない。資生堂麗源化粧品の会員組織である「花之友」は、現在三〇万人の会員を擁しているが、センターのサービス対象となるのは、商品購入額が上位一〇パーセントから一五パーセントにランキングされる「最上位顧客」に絞り込まれている。

広告展開におけるイメージキャラクターの起用法も、重要ポイントだ。

《広告宣伝のイメージキャラクターは横串作戦で選定する》

中国市場でビジネスを推進する際、中国人の人気モデルや芸能人を起用したにもかかわらず、「いま一つ広告効果が上がらない」と嘆く前に、資生堂麗源化粧品のケーススタディーを検証すべきである。

中国という国家が複雑に成り立っている証左は、人気芸能人の地域間格差以外にも数多くある。最も象徴的なものは言語だ。

あるメーカーは、広東省から通訳を伴って北京に商談に行ったが、肝心の通訳が北京の言葉を完全に理解できず、「商談で慌てた」という実話がある。「中国に行けば中国語でビジネスができる」などと勝手に思い込んでいたら、実際のビジネスシーンでとんでもない誤算に悩まされることになる。

そうした中国の幅広さ、奥行きの深さを少しでも認識しておけば、「中国の宣伝広告には中国の人気タレントを起用すれば成功する」といった誤った先入観を抱く失敗を、事前回避できることになる。

中国ビジネスを飛躍させる人材育成法

ビジネスの成否を左右する人材の採用と育成

ここまで多様な視点から分析を進めてきた資生堂麗源化粧品の中国ビジネス戦略を、市場の最前線で具現化しているのが、一三〇〇人を擁するＢＣである。

スキンケア化粧品を中心に構成されているオプレは、店頭に立つＢＣが顧客一人ひとりの肌の状態を丁寧に観察、診断して、最適な化粧品を提案する。専門的な商品知識や高度な美容技術、カウンセリングスキルを身に付けたＢＣは、オプレと顧客を結びつける要衝である。

オプレのきめ細やかなサービスが好評

総経理として人材育成の先頭に立った鳥海康男が、明快に言い切った。

「人の育成は、オプレの生命線ともいえる重要課題です。優れたＢＣが育成できなければ、出店戦略も立案できません。闇雲《やみくも》に商品を大量供給したり、一気呵成の出店計画を選択することは、オプレに何のメリットも生まないのです」

人が育たなければ、出店しない。

資生堂麗源化粧品のＢＣ育成は、出店戦略に大きな影響を与える最重要の経営課題でもある。

中国におけるＢＣ教育は、基幹人材の育成からスタートしていった。急ピッチで市場参入の準備が進められていた九二年六月、新聞広告や職業紹介センターなどの求職機関を活用して、ＢＣの募集が開始された。

結果は……。

「最初の募集では一〇人の応募があり、四人の採用でした。まだまだ中国においてＢＣという職業が認知されていなかったので、応募する方々も好奇心と不安が入り交じった動機だったと思います」

鳥海は、苦笑混じりに往時を振り返る。

現在、北京市場を制したオプレブランドの人気は高く、若い女性の就職先として資生堂麗源化粧品のＢＣは、外資系企業の「憧れの職種」と認識されている。ＢＣの募集倍率が四〇倍、五〇倍になることも、決して珍しくない。

ただし、わずか一〇人の応募といっても憧れの職種にふさわしい女性を採用するために、「募集のハードル」は高く設定されていた。

「学歴は大卒、日本語が堪能で、健康で美しい肌であること」

どうして、このようなハードルの高い採用条件が設定されたのか。

回答は、オプレユーザーの「声」にある。

「オプレのお店の人は、みんなお肌がつるつるしていて綺麗ですね。私も、オプレを使って、あの人たちのような肌になりたい」

このようなリサーチ結果が出ている。

〈オプレユーザーの約九〇パーセントは、今後もオプレを使い続けたいと考えている〉

オプレユーザーの特徴は、何といっても商品使用の「継続性」にある。営業主要都市の北京と上海では若干反応に違いがあるが、北京のユーザーをリサーチすると、ほぼ一〇〇パーセントのユーザーが「継続使用」を口にする。

なぜ、オプレユーザーは商品に対するロイヤルティーが高いのか。その理由を大別すると、次のようになる。

◆肌への効果感
◆肌への使用性

「オプレユーザーはオプレを使うことで、自分の肌に最も適した化粧品を使っている自覚を得ることができます。自分の肌を一番良い状態に保つためにはオプレが必要なのだと感じていただいている」

メーキャップ化粧品ならば趣味や流行で色を変えたり、メーカーをチョイスすることも簡単だが、直接自分の肌に影響を与える基礎化粧品は継続使用が重要であると、オプレユーザーは認識している。

オプレユーザーにとってBCは、肌の状態を診断してもらい、美容法を示してくれるカウンセラーであると同時に、美しい憧れの肌をもつ「理想のモデル」でもある。

話をBCの育成に戻そう。

人材育成の基本戦略を明らかにしたい。

一番最初に募集したBCは、BCの幹部要員*に育成する人材だった。幹部候補生をまず育成して、BC教育の中心で活躍してもらうために、徹底した教育研修を実践していったのである。

オプレビジネスが成長軌道に乗れば、BCの絶対数確保が至上命題になるが、資生

*現在は四人の中国人トレーナー体制が築かれて、三四営業所へリーダーが配置されている。

堂麗源化粧品はBCの大量教育を優先させることなく、「手作りの人材育成」を選択した。拙速なBC教育に乗り出す前に、まずはBCの先生になれるレベルの「幹部BC」を育成したのである。

こうした人材育成戦略は、オプレのブランド構築に少なからぬ影響を与えている。BCという職業が認知されていない中国社会に向けて、資生堂麗源化粧品のBCは「ハイセンスな職業」というイメージを発信し、ブランドバリューとBCの地位を高めていった。憧れのブランド化粧品をカウンセリングする憧れの職業、それが資生堂麗源化粧品のBCであると、イメージ訴求した。

中国におけるBC教育の「教科書」は、もちろん日本にある。日本で実践されているクオリティの高いサービスを中国市場に根付かせることが、BC教育の基本になっている。

資生堂アジアパシフィックでBC教育を担当してきた事業推進部の大西三千代は、オプレビジネスが立ち上がった直後の九六年一月から三年半、中国のBC教育に専念した。

中国に飛んだ大西は、すぐにオプレの販売実績でトップを走っていた百貨店の店舗を訪問した。

すると、

「私がお店に近づいていったとき、数人のBCがポツンと立っていることに気づきました。これではダメだなぁと実感したのを覚えています」

BCは、たとえ来店客がないときでも、無意識に立っていてはいけない。接客に追われていないときこそ、ディスプレー商品を整理整頓したり、カウンター表面を清掃しながら、体を動かしていることが、基本だ。

理由は単純明快である。

来店客の心理として、自分が進んでいく方向に人が立っていると、一種近寄りがたい雰囲気を感じてしまうからである。気軽に商品をウオッチングしたいと思っても、真ん前に数人のBCが立っていては、商品を手に取るのも躊躇してしまう。

来店客に余計なマイナスの神経を使わせないことがサービスの基本であり、接客マナーのいろはでもある。

大西は、現場で一人悩んでいた。

接客マナーの基本さえ理解していないBCに、接客をマニュアル化して教えることが良いことなのか。

長らく共有制という一元的なメカニズムで動いてきた中国において、商品はつねに配給されるものであり、国営百貨店が「売ってあげる」ものだった。かつての中国では、国営百貨店で買い物をした日本人観光客が、「お釣りをほうり投げるようにして渡された」と土産話に聞かせることも、珍しくなかった。

店を訪ねて、店員が誰もいないのかと訝っていると、カウンターの内側でしゃがみ込みながら食事をしている風景も日常的だった。仮に、日本の店ならば来店客の姿を確認した時点で食事を中断し、慌てて接客を始めるところだが、中国ではそのまま食事が続いていく。

なぜなら、店員にとっては「その時」が食事時間だからである。食事をしているときに来店する客が悪い、と店員は腹を立てる。

日本でもCS度の極めて低い店や商業施設は数多あるので、中国の状況を大上段から批判できたものではないが、少なくとも資生堂が今まで培ってきたサービスマインドが、BCの現場に根付いていないことは、たしかだった。

マニュアルを習得すれば、サービスマインドは養成できるのか。大西は自問自答を繰り返しながら、手探りの人材育成法を見つけだしていく。

「一流のサービスとは何かと質問しても、体験的に良質なサービスを受けた経験がない人にはサービスをイメージできません。ですから〝自分の家でお客さまを迎えるときの気持ちと準備がサービスの基本〟という角度から話を進めていったのです」

大西はＢＣと顔を合わすたびに、「笑って、笑って、笑顔でね」と語りかける。「接客サービスの基本は、なにしろ気持ちの良い笑顔だから」と、しつこく繰り返した。

廊下ですれ違えば、うるさいくらいに挨拶の基本を注意し、学習内容が習慣化するまで何回でも反復させていった。

腹を立てても、諦めても人は育たない。

手作りの人材育成がスタートした。

資生堂麗源化粧品が挑戦した人材の育成にも、中国ビジネスを展開する企業への示唆がある。

《幹部候補の採用と育成がブランドイメージや企業イメージを向上させる》

日本では知られた企業であっても中国市場における認知度が低く、企業イメージの向上に苦労するケースが少なくない。同じく、資生堂麗源化粧品のように新たなブランド構築に挑戦する場合も、ブランド認知度をいかに向上させるかが、ビジネスの成否を握っている。

そうしたときに、じわりじわりとイメージ向上に威力を発揮するのが、基幹人材の採用と育成である。

中国では現在、二〇〇五年までに中学への進学率を九〇パーセント、高校への進学率を六〇パーセント、大学への進学率を一五パーセントとする教育目標が掲げられている。この目標が達成されると、二〇〇五年の大学進学者数は、一六〇〇万人に拡大すると予想されている。

こうした中国の教育状況を概括すれば、大学進学者はまだまだごく一握りのエリートであることが、容易に理解できる。一般に「人脈社会」と形容される中国では、政府高官と企業のトップマネジメント層、さらにはエリート大卒者同士といった人脈が、複雑に機能している。

したがって、自社にエリート人材を迎え入れることは、中国のビジネス社会で人脈を築く上で、さまざまな効果を発揮する。エリート大卒者が入社する企業はイメージが向上し、エスタブリッシュメントの共通認識の中に企業イメージが浸透していく。

企業イメージの向上やブランドイメージの構築といえば、すぐに事業戦略や広告宣伝戦略を思い浮かべるが、「人材の育成と採用」といった側面からの効果も、決して見落としてはならない重要ポイントといえるだろう。

一人の大卒エリートの採用が、企業イメージ全体を大きく左右することがあるという事実を、中国ビジネスの推進者はしっかり認識すべきである。

人材育成の原点は心のコミュニケーション

中国でのＢＣ教育は、大西たちの講師が一回につき約一カ月間の出張を行いながら進められていった。一カ月間出張して帰国し、研修結果を整理した後、再び一カ月間の出張に出る。そうした一カ月間単位の出張を年間で三回ほど繰り返しながら、ＢＣ教育が行われていった。

冬の中国は寒気が厳しい。

「笑って、笑って」と応対の表情を指導している大西の顔が、あまりの冷気で強張ってしまう。化粧技術を実践指導していたときなど、指先がかじかんでしまい、手にした紅筆を落としてしまったこともあった。

教育研修といっても、教える人と教わる人がコラボレイトしなければ、教育効果は上がらない。ましてや異国の地で、異国の人を相手に教育活動をするには、お互いの信頼関係が何よりも必要だ。

大西は、資生堂麗源化粧品の上司からアドバイスを受けた。

「大西さん、中国のＢＣさんと心を通わせたいと願うなら、夜はともかく昼食は一緒に食べるようにしなさい」

以後、大西はBCと同じ弁当を注文し、ランチを一緒に食べながら、「心のコミュニケーション」を心がけた。

こんな思い出もある。

成都に教育研修*で出張したある日、BCと一緒に昼食を食べるため、街の屋台のようなところへでかけた。和気あいあいと和やかに鍋を突っついていると、食べ慣れない「具」を掴んでしまった。

「これ、何ですか?」

大西が仲間のBCに訊ねると、「豚の脳味噌」と言う。一瞬、大西は言葉を詰まらせたが、BCは同じものを美味しそうに食べている。

ここで「食べられない」と言って自分が辞退すれば、BCとの間に目に見えない「壁」ができてしまう。

そう直感した大西は、何気ない表情で豚の脳味噌を口に押し込んだ。

現場に立った大西は、サービスの基本から高度な接客応対の技術まで、さまざまな教育研修を実践していったが、なかでも一番理解してもらいたいと願ったのは、「再来店していただける応対」であった。

ではどのような応対を心がければ、再来店の気持ちを抱いてもらうことができるの

＊BCの育成は、二〇カ所に点在する営業所等で集合研修が実施されている。

か。

大西がふと見ると、一人の女性客が若いＢＣと話をしているのが、目に入った。四〇代の化粧気のない来店客は、初めてＳＨＩＳＥＩＤＯを知ったらしく、ＢＣに「どんな化粧品を使えばよいのか」を相談していた。

若いＢＣは先生である大西に応援を求め、大西がどのような応対をするのかをじっと観察していた。大西が親身になって肌の説明や商品の紹介を行うと、来店客は「今、紹介してもらった化粧品を買いたい」と希望し、ポケットから所持金をコインまで全部取り出して、商品を求めた。

しかし、残念ながら来店客の所持金ではＳＨＩＳＥＩＤＯ化粧品は購入できなかった。三五元足りなかったが、値引き販売はできない。

大西はそのことを顧客に告げて、紹介した商品のサンプルを手渡しながら、「今日一日は、このサンプルをお使いいただきまして、明日もう一度ご来店いただけませんでしょうか」と約束した。

来店客が帰った後、大西は若いＢＣに「明日、このお客さまがいらしたとき、誰が応対しても分かるように、お客さまのビューティープランを準備しておいてください」と指示をした。

すると、翌日。

約束の時間を三〇分ほど過ぎてから、顧客は息を切らしながら小走りで来店した。

ビューティープランは完璧に作られている。昨日と同様に丁寧に肌の手入れを終えると、今度は一〇〇〇元分のSHISEIDO化粧品を購入してくれた。

顧客が立ち去ってから、若いBCが質問した。

「大西さんは今日、あのお客さまが来てくれると思っていましたか」

大西が、逆に質問を投げかけた。

「あなたはどう思いましたか」

BCは少し考えてから、正直に口を開いた。

「よく分かりませんでしたが、たぶん来ないだろうと思っていました」

BCの回答を受けて、大西が話しかけた。

「私はね、必ずいらっしゃると思っていました。今日お出でにならなくても、明日や明後日など、いつか必ずいらっしゃると確信していました。なぜならあのお客さまは昨日、所持金を全部出して、私たちに渡してくれたじゃないですか。それは、お客さまが私たちを強く信頼してくださった証拠でしょ。ですから、私は絶対に再来店していただけると、信じていたのです」

大西が言い終わると、若いBCもにっこり微笑んだ。

再来店していただける応対とは何か。

大西のOJT教育を通じて、若いBCがサービスマインドの根幹を、感じ取った瞬間だった。

手作りの人材育成にチャレンジしたBC教育は、中国ビジネスと人材育成の接点を教えてくれる。異国という異なる文化圏で人材を育成するためには、何よりも教える者と教えられる者の信頼関係が重要になる。大西がまいた人材育成の芽は、後輩の新井田静枝や竹山さとみによって大切に育てられている。

《心のコミュニケーションが人材を育成する》

中国における人間関係を築く方法として、食事や酒席を共にすることは、非常に大切なことである。日本企業と中国企業の付き合いにしても、酒席を共にして「老朋友」（古き友人）と肩を抱き合いながら親交を深めるステップが、必ずある。

食事を共にすることも、日本人が中国文化を理解する手っ取り早い方法であり、人間関係の垣根を低くするコミュニケーションであることは、日本でも同様だろう。

人材育成の拙速なアプローチは、スキル養成に重点が置かれてしまいがちになり、教える意識と教えられる意識が正面衝突する危険性が高い。教える側は「何でこんなことが分からないのか」と感情を昂ぶらせ、教えられる側は「一方的に押しつけられている」と反発する。

中国のビジネス社会で人材を育成するときは、何よりも心のコミュニケーションを重視して、信頼関係を構築しながら進めていくことを心得ておくべきである。

エピローグ

中国ビジネスで成功する三つの鍵

海爾（ハイアール）集団が日本進出。

ちょうど本書の原稿を脱稿しようとしていた二〇〇二年一月、中国の最大手家電メーカーである海爾集団が、三洋電機と合弁会社を設立して、日本市場に進出するという大ニュースがマスコミを駆け回った。海爾集団はすでに売上高六〇九〇億円（二〇〇〇年度）を達成し、従業員数三万人を抱える中国のビッグ・カンパニーである。

海爾集団が設立されたのは一九九一年。中国ビジネスのベンチャー企業は、起業後わずか一一年で日本市場の攻略に乗り出したことになる。まさに中国企業恐るべし、といえるだろう。

成長著しい中国企業が日本市場にビジネスを拡大すれば、日本企業も未知の巨大市場をターゲットに、新たなビジネスチャンス獲得に邁進する。中国のＷＴＯ加盟によって、日中のビジネス関係はさらに拡大し、活発化していくことは確実である。

日中ビジネスの新時代は、すでに開かれている。

では、二十一世紀の中国市場を制するには、いったいどのようなビジネス設計図を描けばよいのか。

中国ビジネスの成功方程式とは、いったい何なのか。

まず第一に、次の指摘ができる。

《明解で現実的な戦略を構築すること》

日本と政治体制が異なり、言語や文化、習慣が異なる中国は、なかなかビジネス市場の実態が掴みにくい。とくに最近はＷＴＯ加盟を契機に、多種多様な中国ビジネス情報が流れているので、情報量の多さに思わず目を奪われてしまう。

しかし、「すべてのビジネス情報は正しくもあり、同時に誤っている」という「中国ビジネスの真実」を、しっかり脳裏に刻み込むことが重要である。

もちろん、中国ビジネスの成功方程式を多角度的に分析した本書だけが、「正誤の埒外にある」などと不遜な思いを抱いているわけではないが、中国市場ほど間口が広く、とてつもなく奥行きの深い市場も類をみない。

言うまでもないが、中国には五六の民族が存在し、広東省の広州で話されている言語が、北京や上海では通じないこともある。本書に登場する広州本田のビジネスマンは、中国の各地を仕事で回るとき、広州から通訳を同行していったが、行く先々で「同じ中国人同士でも通訳の会話が通じない」という事態に遭遇してしまった。しょうがないので、同行した通訳と訪問地の中国人は、「筆談しながらお互いの意志疎通を図った」という笑えない実話がある。

ゆえに、中国市場を分析する際に、手元にある分析データや評論を鵜呑みにして、お手軽な市場イメージを形成すれば、中国進出後、必ずや現実に裏切られるに違いない。だからこそ、中国ビジネスには「極めて現実的な事業戦略の構築」が不可欠なのである。

ならば、極めて現実的な事業戦略はどうすれば構築できるのか。

その解は、本書で分析したサントリー、ホンダ、オリンパス、資生堂といった成功企業のマーケティング戦略にしっかりと示されている。

現実の市場を知るには、何よりも市場に飛び込んで、市場の声に謙虚に耳を傾けなくてはならない。既存のデータや分析をしっかりとインプットした上で、まず現実の市場にアンテナを張り、消費状況やビジネス世界を自社の目で確かめて、事実を積み上げながら「現場発の事業戦略」を考え抜く。

そこに、事業成功の第一歩がある。

日本的ビジネスの強みで勝負することも、忘れてはならない成功方程式だ。

《きめ細かで高品質な日本的サービスを武器にして、一人の顧客を大切にする》

長い間、社会主義政策の国営企業体質に親しんできた中国は、「サービスの価値」と無縁の世界だった。競争と無縁の国家管理社会では、サービスによる差別化などの必要性がなかったからである。

そうしたサービスの空白地帯に、日本的で高品質なサービスを武器にして成功した代表的な企業がホンダであり、資生堂である。

ホンダの中国ビジネス戦略は、クルマを大量生産、大量販売することではなく、「最高水準のサービスを実現する」ところから構築されていった。自らが生産して販売した商品（ホンダの場合は中国アコード）に対し、どのライバル会社よりも手厚いアフターサービスを提供して、顧客満足に訴えるサービス戦略が、揺るぎない信頼を築いていったのである。

資生堂も同様だ。

メーキャップ化粧品中心の商品構成で、セールス戦術にしのぎを削る欧米系化粧品メーカーに対抗して、資生堂は日本流のカウンセリング・ビジネスを展開しながら中国人女性の信頼と人気を獲得していった。

化粧品を売る前にサービスを売り、顧客一人ひとりの肌を診断して、オンリーワンの化粧法を提案する顧客第一主義の日本的ビジネスが、ライバルメーカーとの圧倒的な差別化を実現したのである。

日本でも最近は、「ワンｔｏワン・マーケティング」というビジネス思想が広まってきたが、サービスの真空地帯である中国ビジネスにおいては、一人の顧客に最高のサービスを提供する日本的サービスが、極めて有効なビジネス戦略になる。

中国ビジネスを考えるとき、必ずや「一三億人の巨大市場」という側面が視界に入ってくるが、一人の顧客を大切にする最高品質のサービスを実現するためには、決して顧客ターゲットという「マスの幻想」に振り回されるべきではない。

少し冷静になって考えれば誰でもが理解することだが、中国市場に一三億人の顧客など存在するはずもない。市場に存在するのは、ただ一つ。一人ひとりの「個人」という「顧客」にほかならない。

こうして、「一三億人の呪縛」から解き放たれることができれば、ホンダや資生堂の成功方程式で実証されたように、「一人の顧客に最高のサービスを提供する戦略」の正当性が見えてくるに違いない。

さらにもう一つ、中国ビジネスの成功方程式として、人事政策のポイントを挙げておきたいと思う。

《成果主義人事を徹底して、個人の能力を最大限引きだす》

泥沼のデフレ景気に苦しむ日本企業の多くは、「潜在的失業者」と呼ばれる余剰人員を抱えて苦しんでいるが、中国の人事政策は徹底的に成果主義的で、アメリカナイズされている。

事実、オリンパスやサントリーなどの成功企業は、そうした中国的な人事政策を最大限に活用し、社員個人の能力を貪欲に経営へ取り込んで成功した。

本書の中でも触れたが、中国における雇用形態は「契約主義」が一般的になっており、契約によって労働の成果と対価がはっきりしている。仕事の成果を挙げた社員には、より高い報酬と地位が与えられ、成果と無縁の社員は、雇用機会を逸するという厳しい雇用環境がある。

成果主義人事は近年、日本企業でも取り入れられてきたが、施策の運用といった点では中国ビジネスのほうがはるかに進化的であるといえるだろう。

私が取材で出会った中国ビジネスの経営者たちは、異口同音に「中国のビジネス社会は完全にアメリカナイズされている」と語っていた。中には、「日本の成果主義？　日本なんてはるかに遅れているよ」と笑い飛ばした経営者もいた。

二〇代半ばの管理職や三〇代の経営者が、ごく当たり前のようにビジネス社会の主人公となる中国的経営は、日本企業にとって多いに活用すべき経営手法といえるだろう。

中国ビジネスには、成果を期待する企業があり、同時に成果に邁進する社員がいる。

ならば、成果に邁進する社員に対し、どのようなオペレーションを実施すれば、社員の成果が極大化できるのか。

社員の成果を極大化させる人事戦略も、中国ビジネスの大きな成功要因になっている。

以上、事業戦略、日本的ビジネスの強み、人事政策の諸点から、中国ビジネスの成功方程式を概括してきた。

この後は、もう言うまでもない。

中国ビジネスの現場にこそ、「成功への切符」が埋まっている。

本書は、私が数年間コツコツと取材現場で集めてきた中国ビジネスのエッセンスをまとめた内容になっているが、度重なる取材に対して誠実に対応いただいたサントリー、本田技研工業、オリンパス光学工業、資生堂の各社の皆さまに、御礼を申し上げます。

取材のコーディネートはサントリー東京広報部の高木祐美さん、本田技研工業広報部の永露信課長、波多野裕史チーフ、オリンパス光学工業広報室の生田聡課長代理、北田津世志主任、資生堂広報部の大場尊文さんの皆さまに、大変お世話になりました。

また、法律に関する資料は、日中神戸・阪神―長江中下流域交流促進協会発行の『中国　最新法律案内』を参考にさせていただきました。

本書出版の機会をいただき、企画に関して助言やサポートをいただいた発明協会出版チームの皆さまには、著者として心より感謝いたします。

単行本は決して、著者の独り相撲で完成するものではありません。本書の装丁やカラーグラビア、本文扉の素敵なデザインも、若きデザイナーの原田朝子さんにクリエイトしてもらいました。素晴らしき助言者や有能なパートナーに恵まれて、ようやく本書は皆さまに読んでいただくことができたのです。

已 約 終 身 心
長 如 今 日 過

白楽天『約心』より

二〇〇二年一月、霜夜の静謐のなかで。

峰　如之介

■著者紹介
峰　如之介　Naonosuke Mine
作家。ジャーナリスト。1956年、兵庫県生まれ。編集企画会社㈱日本コミュニティー代表取締役。ビジネス、環境、先端技術、人事・人材教育への幅広い取材活動をベースに現代人の生を描いて、時代を照射する。現在、月刊誌でIT経営をテーマにした「アスクル物語」や勃興する中国ビジネスをテーマに「中国　悠久の大地を疾駆するホンダ・ドリーム」などのノンフィクション物語を精力的に連載し、執筆や講演活動に東奔西走している。
□主な著書とプロデュース&構成『リコーの環境価値マネジメント』（ダイヤモンド社）、『利を以て人を治めず』(日本能率協会マネジメントセンター)、『ビジネスマンの逆襲』(日本工業新聞社)、『会員制リゾートクラブって何だ？』(ダイヤモンド社)、『シングルズマーケット』（日本コンサルタントグループ）ほか。『コンサルタントに踊らされるな日本企業！』（ダイヤモンド社）
連絡先＝株式会社日本コミュニティー
03・5302・0788、E-mail：nc-mine@01.246.ne.jp

装丁　原田朝子

中国市場への挑戦　成功企業に学ぶ中国ビジネス

2002年（平成14年）2月28日　初版第1刷発行

著　者　峰　如之介

発　行　社団法人　発明協会

発行所　社団法人　発明協会
〒105-0001　東京都港区虎ノ門2－9－14
電　話　03（3502）5433　（編集）
03（3502）5491　（販売）
ＦＡＸ　03（5512）7567　（販売）

落丁・乱丁本はお取替えいたします。　印刷　勝美印刷株式会社
ISBN4-8271-0652-5　Printed in Japan